CHANGE AGENT

チェンジ・エージェントが
組織を変える

組織変革
実践ガイド

トップと現場をつなぐ組織変革の実践的方法論

(学) 産業能率大学総合研究所
ソリューションシステム開発部
組織変革研究プロジェクト 編著

はじめに

　上場企業の経常利益が2年連続で過去最高益を更新したという。バブル崩壊後の混乱と低迷を経て、日本企業は一応の復活を遂げたといえるだろう。しかし、そうした現在の日本企業の好調さの陰に、淘汰され市場からの退出を余儀なくされた企業が数多く存在することも忘れてはならない。また、現在好調な企業も安心していられるわけではない。環境変化の激しさは増しつつあり、今日の勝者が明日も勝者である保証はまったくない。むしろ、1つ判断を誤ればあっという間に敗者へと転落してしまう危険性と隣り合わせであるといったほうが適切だろう。

　繁栄と衰退を分けるものは一体何なのだろうか。企業が競争を勝ち抜き、ゴーイングコンサーン（永続的に発展・成長する組織体）として存在し続けるためには何が重要なのだろうか。

　いうまでもなく、1つは企業の進むべき方向を見定め、指し示す「戦略の質」である。確実なものなど何もない経営環境を読み解き、そのなかで生き残り、勝ち抜くための正しい方向性をもたなければ企業が存続することはできない。

　かつての日本企業は、キャッチアップすべき存在があり、方向性が明確になっているなかで、その目標に向け、横並びで邁進する体力勝負には長けていた。そのために、戦略の質にはさほど問題意識をもたずに済んだともいえる。しかし、環境の不確実性が増すなかで、自ら走るべき方向自体を考えなければならなくなったとき、戦略の意味とその重要性に気づかされることになったのである。日本企業の低迷を招いた1つの原因は戦略の質的な問題があると見ていいだろう。

　そして、もう1つは「戦略の実行」である。いかに素晴らしい戦略を形成しても、それがきちんと実行に移されなくては意味がない。絵に描いた餅をいかに食べられるようにするか。そこで組織の実行力が問われる。従来の日本企業はこの実行力に強みがあったといわれる。しかし、企業と個人の関係性の変質、職場における人間関係の希薄化、米国型企業統治への移行など、様々な要因が影響してか、昨今、この実行力にもかげりが見られる。

　「戦略の実行」は「組織の変革」を伴う。戦略論の大家であるヘンリー・ミンツバーグ

氏らの言葉を借りれば、「戦略形成は、ある状態から次のあるべき状態へと飛躍するプロセス」[i]である。つまり、戦略の実行にあたっては、必然的に変革（トランスフォーメーション）が必要となる。戦略が環境の変化に適合する組織のあるべき状態への移行を要請し、それに合わせて組織を変革しなければならないのである。

組織の変革は何らかの痛みを伴うだけに非常に難しい。かつて日本企業は、あうんの呼吸のもと、組織の成員が一丸となって実行に取り組んだ。また、組織全体のためといえば、変革によって痛みを感じる人から一応の納得を得ることもできたかもしれない。しかし、今日では、もはやそれらを期待することは難しい。

その意味で、企業には戦略を構築することに加えて、その実行に向けて、考え方や価値観が異なる組織メンバーのベクトルを合わせ、組織そのものを変革していくための意図的・計画的な働きかけが欠かせないのである。

しかし、実際はどうだろうか。安易な経営手法の導入やトップダウンによる押し付けの改革などによって、変革が頓挫している例はたくさんある。変革はトップだけでは成しえない。真に組織を変えるためには、現場の理解と納得を得る努力が不可欠である。

同時に、現場だけでも組織は変わらない。組織が目指すべき方向性をもとに、大局的な観点から変革の方向性についての意思決定を下し、全社に向けてメッセージを発するのはトップマネジメントにほかならない。この両者がかみ合ってこそ、初めて変革に魂が入るのである。

これまで、（学）産業能率大学総合研究所では、多くの企業で組織の変革に関わるコンサルティングに携ってきた。変革プロジェクトのテーマや内容は様々だが、こうしたプロジェクトを通じて感じるジレンマは、プランニングや諸システムの構築には力を注ぐが、その後の浸透や定着のための活動が十分になされないために、思うような成果が出ない、あるいは変革そのものが形骸化し、いつしか、何もなかったかのごとく、元に戻ってしまう企業が多いということである。

変革の難しさはその「実行」にある。いくら立派な変革のシナリオを書いたところで、それが組織メンバーに受け容れられ、実行に移されなければ何の意味もない。本書では、組織変革における実行の側面、すなわち、いかに変革プログラムを動かし、現場に変革を浸透・定着させていくかという点について具体的な考え方と方法論を紹介していく。

まず、第1章(変革プログラムの実効性を高める)では、実効性のある変革プログラムをデザインするうえで考慮すべきポイントと現場を変革に巻き込んでいくことの重要性について解説する。

　続く、第2章(変革プログラムの推進体制をつくる)では、変革のオーナーであり、チェンジ・リーダーである「トップマネジメント」と、変革の方向性に納得し、現場で変革の実行・推進を担う「チェンジ・エージェント」、さらに変革プロジェクトを主管し、トップやチェンジ・エージェントの活動をバックアップする「変革推進チーム」(事務局)の役割と機能に触れ、これら三者が一体となって変革を推進していく体制を構築することの重要性を解説する。

　そして、第3章(変革のベクトルを合わせる)では、変革を志向するトップと変革を実行・推進する現場のチェンジ・エージェントが、変革の目的を共有し、目指すべき方向性をすり合わせ、変革に向けて合意形成状態をつくり上げるための方法論を、さらに第4章(変革の勢力を拡大する)、第5章(変革推進活動をサポートする)では、変革の実行・推進を担うチェンジ・エージェントと変革推進チーム(事務局)がそれぞれの立場から、現場に変革を浸透・定着させていくための具体的な方法論を紹介する。

　最後に、第6章(変革し続ける組織をつくる)では、現場リーダーの育成や変革し続ける企業風土の醸成といった観点から、こうした変革の取り組みが組織にもたらす効果について解説する。

　また、終章(組織変革の実践にむけて)では、主に変革プログラムの企画や実行を目前の課題としている企業の経営企画、人事・人材開発、組織開発担当セクションの方々向けに、我々が提供している、組織変革に関するコンサルティングサービスや具体的なソリューションプログラムについて紹介させていただいた。

　本書は企業において、様々な変革プロジェクトの企画・実行を課題とする実務家の方々を主たる読者として想定したものである。本書の内容が各企業の変革プログラムの推進において、少しでも参考になれば執筆メンバー一同これに勝る幸せはない。

　最後にこの場を借りて御礼を申し上げたい。本書は、我々がこれまで様々な場面で関わらせていただいた方々とのディスカッションや、組織変革に関するコンソーシアム、フォーラムにご参加いただいたクライアントや研究者の方々とのコラボレーションな

しにはありえない。共通の目的や問題意識をもとにした議論と実践のなかで、本書のコンセプトと方法論が生まれ、更なる実践を通じてその内容が練り上げられていった。紙面の関係上、すべての方々のお名前を挙げることはできないが、ご支援ご助力をいただいた皆様に心から感謝申し上げる次第である。

　また、本書がこのような形で刊行されるに至ったのは、本書のコンセプト・内容に強い関心と深い理解を示され、本書刊行の方向づけをいただいた（学）産業能率大学　上野俊一理事長のお力添えによるものである。本学総合研究所普及事業本部長　赤塚琢也氏、同ソリューションシステム開発部長　前村真一氏、(株)産業能率大学出版部　常務取締役　栽原敏郎氏からも多大なご尽力とご支援をいただいた。

　本書の刊行にご尽力いただいたすべての方々に改めて謝意を表し、厚く御礼申し上げる次第である。

2005年9月

　　　　　　　　　　㈱産業能率大学総合研究所
　　　　　　　　　　ソリューションシステム開発部
　　　　　　　　　　組織変革研究プロジェクトチームメンバー一同

---

[i] Mintzberg, H., Ahlstrand, B., and Lampel, J. (1998) Strategy Safari : A Guided Tour through the Wilds of Strategic Management. Free Press（齊藤嘉則監訳『戦略サファリ』東洋経済新報社，1999年，p.327より引用）.

目　次

はじめに

第1章　変革プログラムの実効性を高める ─── 9

1　変革を迫られる組織……… 10
　（1）先が読めない構造的変化の時代……… 10

2　変革マネジメントのポイント……… 18
　（1）変革に魔法の杖はない……… 18
　（2）変革プログラムの設計
　　　―4つの要素（Why, What, How, Process）を押さえる……… 20
　（3）変革実行力を高める……… 28

第2章　変革プログラムの推進体制をつくる ─── 33

1　変革プログラムの登場人物……… 34

2　変革におけるトップのリーダーシップ……… 36
　（1）変革の主体者としてのトップマネジメント……… 36
　（2）トップマネジメントに求められる役割……… 37

3　変革における現場のリーダーシップ……… 43
　（1）チェンジ・リーダーだけでは組織は変わらない……… 43
　（2）現場で変革を推進するチェンジ・エージェント……… 44

4　トップ、チェンジ・エージェント、変革推進チーム
　　　三位一体の動き……… 49
　（1）変革の必要性や方向性を共有する……… 50
　（2）組織メンバーを変革に巻き込み、変革の勢力を拡大する……… 50

（3）変革推進チームが変革活動をバックアップする……… 52

第3章　変革のベクトルを合わせる ——— 55

　1　現場を受け身にさせない仕掛けをつくる……… 56
　　ABCフーズの組織変革プロジェクト
　　《シーン1》新社長の着任と変革ビジョンの創出……… 57

　2　トップと現場が変革への想いを共有する……… 63
　　（1）対話の「場」をつくる……… 63
　　（2）「事実情報」を伝える……… 66
　　（3）「価値情報」を伝える……… 69
　　《シーン2》変革ビジョンの具現化に向けたワークショップの実施①……… 71

　3　現場が変革ビジョンを腹に落とし、なすべき課題を探索する……… 77
　　（1）リッチピクチャーを活用し、問題認識を共有する……… 77
　　《シーン3》変革ビジョンの具現化に向けたワークショップの実施②……… 83
　　（2）変革ビジョンの実現に向け、なすべき課題を探索する……… 86
　　《シーン4》新変革ビジョン具現化に向けて取り組むべき課題の提言……… 89
　　（3）取り組むべき課題をトップに提言し、変革を実行に移す……… 92

第4章　変革の勢力を拡大する ——— 97

　1　組織メンバーに対する浸透活動
　　　—チェンジ・エージェントが現場を変える……… 98
　　（1）第1段階：相手を知る……… 99
　　《シーン5》ステークホルダーを分析する……… 111
　　（2）第2段階：変革の背景を説く……… 116
　　（3）第3段階：抵抗勢力を突き崩す……… 119
　　《シーン6》抵抗勢力を突き崩し、変革を推進する……… 132

第5章　変革推進活動をサポートする ─── 143

1　変革推進チームによるバックアップサポート
　　　─変革推進チームの役割……… 144
　　(1)　チェンジ・エージェントを選抜する……… 145
　　(2)　チェンジ・エージェントを動機づける……… 148
　　(3)　アーリーウィンを意図的につくる……… 151
　　(4)　変革のプロパガンダ活動を展開する……… 151
　　(5)　実践コミュニティを見逃さない……… 158

第6章　変革し続ける組織をつくる ─── 163

1　変革を通じて現場リーダーが育つ……… 164
　　(1)　環境に適応していくために企業に求められる2つの能力……… 164
　　(2)　組織変革の実行プロセスが現場リーダーを育てる……… 166
　　(3)　変革プロジェクトによって育成される現場リーダー……… 168

2　変革し続ける組織の実現─終わりなき変革……… 170
　　(1)　変革を日常化し、企業文化として根づかせる……… 171
　　(2)　変革を企業文化として根づかせるために……… 175

終　章　組織変革の実践にむけて ─── 179

　　(1)　注目されるインプリメンテーション（実行支援）コンサルティング……… 181
　　(2)　主なサポート領域─変革の実行・浸透・定着過程を支援する……… 182
　　(3)　変革テーマの内容……… 187

　　索　引……… 189

第*1*章

変革プログラムの実効性を高める

1 変革を迫られる組織

(1) 先が読めない構造的変化の時代

勝ち組と負け組を分けるもの

「日産が抱えている問題の解決策は社内にある」。[i]

日産自動車を奇跡の復活に導いたカルロス・ゴーン氏の言葉である。日産にCOO（最高経営執行責任者）として着任したゴーン氏は社員と徹底的に話し合うなかでこう確信したという。

業績低迷の原因は決して日産外部の環境にあるのではなく、トップマネジメントが社内の現状を把握できていないために優先順位の設定が適切になされていないことや、社内に危機感が欠如しているためにいろいろな問題を認識しながらもその解決策が実行に移されていないことにあるのを見抜いたのである。事実同じような環境にあってもトヨタ自動車や本田技研工業など、確実に収益をあげている企業は存在した。

その意味で企業業績の低迷は多くの場合、「天災」ではなく「人災」といえる。「勝ち組」と「負け組」を分けるのは、外部の環境が変化したときに、それに合わせてなすべきことをなしえたかどうかである。それが最終的な結果に現れる。「変われたかどうか」であると言い換えてもいい。もちろん、すべてを変える必要はないし、普遍的なやり方があるわけでもない。ただ一点、それぞれの置かれた環境のなかで最適な状態を維持できたかが問われる。

ここで、あなたの会社を思い浮かべてみて欲しい。あなたの会社は以前と比べて変わっているだろうか。市場や競争構造、顧客ニーズなどの変化に対応できているだろうか。たとえば1年前と比べてどうだろう。組織の構造や仕事の仕組み・進め方、様々な制度、経営資源の配分。何か変わっただろうか。

変わったとしたら、その変化の幅やスピードはどうだろう。以前と比べて変化が大きくなっているだろうか。あるいは速くなっているだろうか。

今、多くの企業が変革の必要に迫られている。企業を取り巻く環境が激しく変化し、

企業に対してダイナミック、かつスピーディな変革を求めているからである。見方を変えれば、環境と相互作用しながら自己を大胆かつ迅速に変革できない企業は生き残ることを許されない時代になりつつあるといえよう。

　企業は環境変化に対応してすばやく自己を変革することで生き残りを図っている。日産自動車は瀕死の状態から、見事に復活を遂げた。それはカルロス・ゴーン氏の強いリーダーシップを起爆剤として、一気に組織の変革を成し遂げたからに他ならない。

　一方、昨今の例を見ても明らかなとおり、トップ企業や名門企業といえども過去の成功にしがみつき、変革を怠れば淘汰されるのは避けられないのである。

組織に変革を迫る環境変化

　企業は環境のなかに存在している。企業が存続し、発展していくためには、環境に適応していくことが不可欠である。環境が変われば、それに合わせて企業も変化していかなければならない。もちろん、企業は環境に対して、単に受動的な存在ではない。環境を構成する1つの要素であるとともに、環境そのものをつくり出していく存在でもある。そのため、ときには自ら環境に働きかけたり、環境と相互に作用し合ったりする。

　経営者の交代や戦略の転換など、個々の企業が組織の変革に取り組むには異なる内部事情があるが、その背景には共通する環境の変化があり、さらに、その変化の底流には社会そのものの構造的な変化がある。まず、図1-1にある6つの観点から、組

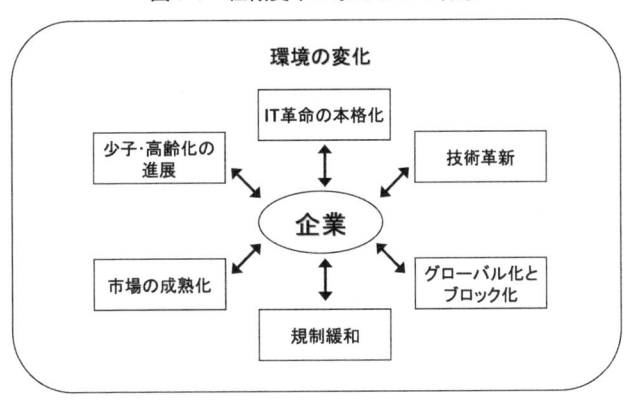

図1-1　組織変革が求められる背景

環境の変化
- IT革命の本格化
- 技術革新
- 少子・高齢化の進展
- 市場の成熟化
- 規制緩和
- グローバル化とブロック化

企業

織が変革を迫られる要因となる環境の変化を整理しておこう。

① 少子・高齢化の進展

　社会が成熟するとともに避けられない現象の1つであるといわれる「少子化」。なかでも日本は世界でもっとも深刻な状況にある。2003年の合計特殊出生率はついに1.29を記録し、「1.29ショック」といわれたが、2004年はさらにそれをも下回る最低水準を記録した。

　この少子化によって、日本の人口は2006年をピークに減少を始める。[ii] 今後は戦時期などの特殊な時期を除いて、だれも経験したことのない人口減少社会が出現する。

　わが国の生産年齢人口（15歳以上65歳未満）はピーク（1995年）を過ぎ、すでに日本国内の労働力人口は減少しつつある。さらに、2007年には団塊の世代が定年を迎え始め、日本経済の発展を支えた世代が第一線から退く。

　労働力人口の減少は単純に「量の減少」を意味するだけではない。団塊の世代の退場は、各種領域における熟練技能者の喪失を意味する。蓄積された技能の伝承がスムーズに行われなければ企業の組織能力の衰退や様々な混乱を招く。いわゆる「2007年問題」である。

　また、少子化とともに「高齢化」も進んでいる。年金制度などの社会システムはすでに立ち行かなくなりつつあり、介護の問題も深刻さを増している。さらに、市場も若年層中心から高齢者中心へと移行し、すでにコンビニエンスストア業界などでは、高齢者の顧客比率が高まりつつあるという。

　こうした変化は企業にも大きく影響を与え、直接・間接的にいたるところで変革を迫る。たとえば、労働力人口の減少を補うために女性や高齢者、外国人労働者を本格的に活用しようとすると、雇用システムやマネジメントのあり方を大きく変えなければならない。労働力を確保するためには、様々な背景や価値観をもつ人々が働きやすい環境をつくり上げることが不可欠だからである。

② IT革命の本格化

　IT革命が叫ばれて久しい。しかし、本当の意味で革命が本格化するのはこれからになる。我々の生活のなかにITが溶け込み、人々がITの存在を意識しないようになった段階こそがIT革命が実現した状態といえるからだ。高速・大容量のネットワー

クがはりめぐらされ、いつでもどこでも様々な形でネットワークにつながるユビキタス社会の出現である。

日本のブロードバンドの契約数は2002年時点で1500万件にのぼり、契約数では、アメリカ、韓国についで世界第3位となっている。インターネットの普及率も60％を突破した。また、携帯電話によるインターネット接続の契約数も7000万件に達している。[iii]

こうした状況のなか、人々のコミュニケーションのあり方が大きく変化してきている。電子メールや電子掲示板、チャットなどを使った、時間と空間を超えた電子上でのコミュニケーションが当たり前になった。情報は瞬時に世界全体へと波及する。国家ですら、もはやその境界を維持することは困難である。

また、様々な産業のなかにITが深く入り込み、産業の姿をも変えつつある。もはや遺伝子工学を含むバイオテクノロジーとITは不可分である。流通では、消費者は世界中から商品やサービスを直接購入することができる。金融でも、株式のネット取引が拡大し、EdyやSuicaなどICカードや携帯電話を媒介とした電子マネーも本格的な普及段階に入りつつある。

こうした変化はほんの一部にすぎない。確実なのは、ITが社会のなかに深く根づき、人々の生活や社会のあり方を変えつつあるということである。今後を予測することは難しいが、こうした変化がさらに加速しながら続くことだけは間違いない。

企業にはそうした人々の生活や嗜好の変化を正確に捉え、的確に対応することが求められている。それはすなわち、企業そのものの変化の必要性をも意味しているのである。

③　技術革新

デジタル化、バイオテクノロジー、ナノテクノロジー。様々な分野で急激に技術革新が進んでいる。1999年に科学技術庁（現文部科学省）が実施した調査[iv]によれば、研究開発期間、市場導入期間、利益の得られる期間のいずれもが80年代に比べて90年以降はかなり短くなっていることがわかる（表1-1参照）。

当然、現在ではさらに短くなっているだろう。こうした技術革新は企業に変革を迫る大きな要因となっている。企業は従来の時間軸とは大きく異なる技術革新のスピードに対処していかなければならない。

デジタル化を例に考えてみよう。新三種の神器といわれるDVDレコーダー、デジタ

表1-1　技術革新の加速化

(単位：年)

	研究開発期間	市場導入までの期間	利益の得られる期間
1970～1979年	3.9	1.5	10.2
1980～1989年	3.4	1.2	6.5
1990年以降	2.6	0.9	3.2

出典：「研究開発関連政策が及ぼす経済効果の定量的評価手法に関する調査(中間報告)」(1999年6月) 図表3-11・3-16・3-18をもとに作成

ルカメラ、薄型テレビでは、商品のライフサイクルが一気に短くなり、メーカー間で激しい競争が展開されている。トップシェアを誇る企業でさえ、すぐに逆転されかねない状況だ。

デジタル商品の分野の勝ち組といわれる松下電器産業では、こうした状況に対応するために、マーケティング本部を新設し、「垂直立ち上げ」と呼ばれるマーケティング施策に取り組んでいる。[v]

「垂直立ち上げ」とは、商品発売から7週間以内にトップシェアを獲得するようにすべての施策を展開することを意味する。デジタル商品の寿命の短さを踏まえ、一気に先行者利益を獲得するために、売れる時期から逆算して、商品の発売時期や開発完了までのロードマップを描く「逆算のマーケティング」を行うのである。技術革新のスピードの速さに対応するための変革の一例といえる。

◆コラム1◆　「持続的技術」と「破壊的技術」

ハーバード・ビジネススクールの教授であるクレイトン・クリステンセン氏は、その著書『イノベーションのジレンマ』のなかで、ディスクドライブ業界等の調査・研究を通じて、新技術には既存製品の性能を高める「持続的技術」と、短期的には既存製品の性能を下回るように見えながら、その実は新たな顧客のニーズに対応した「破壊的技術」の2つの種類があることを明らかにした。そして、大手優良企業は、その保守的な性格ゆえに、「破壊的技術」を採用することが難しく、そのため大きな失敗を犯す危険性が高いことを指摘している。

④　市場の成熟化

　日本をはじめとして、先進国の市場は成熟しつつあり、顧客のニーズは多様化している。ロングヒットの商品が生まれにくくなり、「定番」といわれるような商品も減りつつある。顧客のニーズはうつろいやすく、大ヒットしたかと思うと、ある日パタリと売れなくなることも多い。

　一方で、意外なものが意外な形で売れたりすることもある。2004年のヒット商品にも挙げられていたキャスター付バッグなどはその典型だろう。航空会社の客室乗務員のスタイルに端を発したともいわれるが、本来は旅行などに用いられるバッグをちょっとした外出でも使うようになった。若い女性から始まり、中高年の女性やビジネスマンにも広がりを見せているという。

　マーケティングの領域ではこうした現象を「誘導される偶発」[vi]という。商品の市場導入後、当初想定していなかったようなニーズが市場から掘り起こされることを前提に、それを取り込んですばやくマーケティング政策に反映していこうとする考え方である。市場の主導権が供給側から需要側、すなわち顧客サイドへと完全に移行していることへの対応といえる。

　かつてのような大量生産の発想では、こうした状況に対応することは難しい。顧客のニーズに翻弄されて在庫の山を築かないためには、ニーズの多様さや変動の大きさに対応した発想と仕組みが求められる。

　日本を代表する高収益企業の1つであるキヤノンでは、こうした状況に対応し、機敏で柔軟な多品種少量生産を行うために、製造ラインからベルトコンベアーを取り除いた。そして、少人数のチームがすべての工程を一貫して担当し、完成品までつくり上げる「セル生産方式」を導入し、生産量の変動に合わせた生産システムを構築している。[vii] 右肩上がりに市場が拡大するなかで成功してきた企業にとっては、単に生産システムの変更に留まらない本質的な変革であったことは想像に難くない。

⑤　規制緩和

　依然としてゆっくりとした足取りではあるが、日本においても様々な面で規制緩和が進んでいる。大規模小売店舗法の改正、金融ビッグバンと呼ばれた金融制度改革などから、電力小売の自由化、航空運賃の多様化と弾力化に至るまで緩和対象は多岐にわたる。また、特定地域において実験的に何らかの規制を緩和する構造改革特区

制度も同時に展開されている。

　政府による規制はある種の安定と秩序をもたらす。規制が強ければ強いほど、それが取り払われた際の影響は大きい。その代表が金融分野である。金融ビッグバンによって銀行・証券・生保・損保といった金融業界の垣根は取り払われ、それが業界の再編を誘発した。また、株式売買の委託手数料の自由化や、証券会社の免許制から登録制への変更によって、ネット取引の急拡大をもたらした。

　事業分野を問わずに影響を与えるものもある。たとえば労働者派遣事業の対象業務が原則自由化されたことにより、企業の雇用政策は大きく変わりはじめた。生産現場における派遣社員の活用も確実に進みつつある。そうした変化はまた、これまでとは異なるマネジメントが求められる要因にもなってきている。規制緩和に伴う変化が企業に変革を迫る。

⑥　グローバル化とブロック化

　現在の企業は規模の大小や海外展開の有無にかかわらず、国境を越えた競争にさらされている。グローバルな最適調達や外資の進出など、競争相手はもはや国内だけでなく、世界中に存在する。

　一方、見方を変えると海外にはBRICsに代表される成長市場が広がっている。13億人の人口を抱える中国は、様々な不安要因があるにせよ、世界の製造工場として、また最大の市場として、世界中の投資を呼び込み、資源を消費し、すさまじい勢いで成長を続けている。ブラジル、インド、ロシアの3カ国もその潜在的な市場の可能性などから、世界中の企業の関心と投資を集めている。こうした魅力ある市場に背を向けることができる企業は少ない。

　そうしたグローバル化の一方で、EU（欧州連合）やFTA（自由貿易協定）に見られるような経済のブロック化も進んできている。世界の貿易交渉はWTO（世界貿易機関）における多国間交渉から、FTAによる特定国間の相互市場開放へとシフトしつつある。そこでは、ブロック内の障壁は減少するが、ブロックを超えた地域に対する障壁はむしろ増加する可能性が高い。海外展開する企業はこうしたブロック化の動きを見極め、対応していくことも不可欠になる。

　このような状況にさらされている企業は、それぞれの立場でメガコンペティション（世界規模の競争）に勝ち残るための体制を整えなければならない。それはすなわち、組

織に変革を迫る力となる。

　たとえばトヨタ自動車では、現在、グローバルな生産体制を構築することに全力を傾けている。これまでは、日本で開発、製造した自動車について、そのすべてを理解した国内の精鋭スタッフを現地に派遣し、生産を移管する形で海外生産を展開していた。しかし、世界戦略として年間生産台数800万台を見据えたとき、もはや国内のスタッフを現地に派遣するやり方では立ち行かない。現地で開発から製造までを一貫して行う体制に移行するために、組織体制や仕組みを新たにつくりかえるとともに「トヨタ生産方式」や「トヨタウェイ」を理解したグローバル人材の育成に力を注いでいるのである。

「変化を日常」とする企業だけが生き残る

　こうした様々な環境変化は従来の変化の延長線上にあるものではない。筑波大学教授の河合忠彦氏によれば、現在のような環境変化は「ダイナミック（動態的）な『構造的変化』」[viii]であるという。端的にいえば先が読めない状況である。それゆえ、事前に予測できないことが頻繁に起きる、すなわち不確実性の高い状況が生じることになる。かつて一体だれが現在のような金融業界の再編を思い描いただろうか。

　マネジメントの発明者と呼ばれ、自らを社会生態学者として位置づけるピーター・F.ドラッカー氏は次のように述べている。「自信を持って予測できることは、未来は予測しがたい方向に変化するということだけである」。[ix]

　環境の不確実性が高いなかで、企業がその環境に適応していくにはどうすればいいのか。変化に対する感度を高めることはもちろん、その変化に合わせて柔軟に組織を変えていかなければならない。環境に適応することなしに、企業の存続と発展はありえない。構造的変化の時代に企業が生き残るためには、変化の先行きが見えた段階で、変化に合わせてすばやく、かつダイナミックに組織を変革していくことが不可欠になる。すなわち「変化を日常」とする企業でなければ勝ち残ることができないのである。

2 変革マネジメントのポイント

(1) 変革に魔法の杖はない

変革プログラムは万能ではない

　激しい環境変化に適応し、持続的に変革し続ける組織をつくるために、多くの企業では経営企画部門など本社のスタッフ機能が中心となり、変革に向けた様々な取り組み（変革プログラム）が企画・実施されている。企業の経営資源を把握し、それを効率的に運用して経営戦略に役立てるERP（Enterprise Resource Planning）ソフトやナレッジデータベースの導入に代表される情報システムの改革、目標管理制度やコンピテンシーモデルなどを利用した成果主義に基づく人事制度改革、トヨタ生産方式を導入した生産システムの変革、SCM（Supply Chain Management）、ISO、経営品質などの全社的プログラムの導入などはその一例だろう。

　しかし、こうした変革に向けた取り組みは、実際きちんと機能しているのだろうか。流行の経営手法に踊り、変革が掛け声倒れに終わったり、形を真似ただけで、変革が期待どおりの成果を生まないなどの状況に陥ってはいないだろうか。たとえば、以下のようなケースに心当たりはないだろうか。

◎ERPソフト、情報とモノの流れを統合的に管理するSCM、エラーやミスの発生確率を最低レベルに抑えるシックスシグマなど、横文字の経営手法を次から次へと導入したが、どれもこれも途中で頓挫し根付かない。
◎トヨタ生産方式を導入し、生産システムの形を真似たが、思うような成果が出ない。
◎コンサルティング会社に依頼し策定した戦略が、現場に浸透せず、絵に描いた餅になっている。
◎トップの肝煎りで高額の在庫管理システムを購入し、生産現場の在庫管理のテコ入れを図ったが、現場の仕事の進め方にシステムがうまく合致せず、かえって非効率な状態を招いてしまった。
◎ブランド戦略の一環で、新たにCS（顧客満足）ポリシーを掲げ、サービスマニュアルを作成したが、顧客と接点をもつ社員の行動が改善されず、CSポリシーに掲げた

精神の実現には遠く及んでいない。
◎企業の社会的責任を統括するCSR（Corporate Social Responsibility）室を立ち上げ、コンプライアンス（法令遵守）プログラムを導入したが、肝心の現場社員の意識変革が進んでいない。

　変革プログラムのテーマや名称は企業によって様々だが、ハード（仕組み）を変えただけでは到底変革が成功したとはいえないにもかかわらず、こうした失敗ケースは枚挙にいとまがない。
　たとえば、アメリカでは1980年代から90年代にかけて、たくさんの企業がリエンジニアリングやTQM（Total Quality Management）など、様々な変革プログラムを展開したが、そのほとんどはうまくいかなかったといわれている。
　日本ではコンピテンシーブームが記憶に新しい。「コンピテンシーこそ職能資格制度に変わる新しい人事システムである」「コンピテンシーを導入しさえすれば競争力を高める人材マネジメントが展開できる」と、多くの企業がモデルづくりに躍起になり、コンピテンシーを核とした人事システムを構築しようとした。しかし、そもそも何のためにモデルをつくったのか目的がはっきりしていなかったために、せっかくつくったモデルが有効に活用されていない例も多い。

　もちろん、こうした新しい経営手法が間違っているわけでも、意味がないわけでもない。環境変化に適応すべく、また他社より優れたポジションを獲得すべく、経営トップがそうした新しい手法を自社に取り入れようとすることも悪いことではない。問題なのは、こうした変革プログラムが万能であり、即効性があると思ってしまっている点にある。

変革を妨げる慣性の力
　変革にはそれを妨げ、多少の問題があっても現状を維持し続けようとする慣性の力が立ちはだかる。組織が大きくなればなるほど、この慣性の力は強く働き、新しい変革への取り組みはなかなか組織の末端にまで浸透していかない。自分自身の日常の行動パターンを変えるのにさえ、大変な決意と持続力が必要なのに、まして慣性の力が大きく働く組織のなかで、多様な利害関係のもとに働く他人に変革を迫るのは相

当に骨の折れる作業なのだ。

　変革には痛みが伴い、利害関係者からの抵抗も必ずついてくる。我々は、「この手法を導入しさえすれば、組織は必ず変革できる」といった、変革に対する安易で楽観的な幻想をまず捨てる必要がある。どのような変革プログラムであろうとも、それが成果を示し、企業の文化として定着するまでには長い年月と定着のための工夫が必要であるということを、改めて認識しておかなければならないのである。

　変革プログラムには一振りすればすぐに状況が好転するような魔法の杖はない。飲めばすぐ効くような特効薬もない。いや、むしろ、即効性のある薬には副作用があると疑ってかかったほうがいい。

(2) 変革プログラムの設計──4つの要素（Why、What、How、Process）を押さえる

　サービス・マネジメントの権威であるカール・アルブレヒト氏は、その著書『なぜ、賢い人が集まると愚かな組織ができるのか』（ダイヤモンド社, 2003）のなかで次のように書いている。

　「大組織では2～3年ごとに経営陣が落ち着きを失いがちだ。何か大きな仕事、意義深い施策を始めたいとの衝動を抑えられないのである。製品クオリティを飛躍的に高めなくてはいけない。お客さま中心主義をさらに強めなくては。コスト管理を徹底させなければ。組織全体を組み替えなければ…。今こそ、新しい取り組みを始めるべきだ！

　こうして特別チームが編成され、コンサルタントが雇われ、経営会議が開かれ、社内向けポスターが印刷され、従業員向けにモチベーション・セミナーが企画され、CEO出演の社内ビデオが作成される。キックオフを飾るために、ありとあらゆる施策が矢継ぎ早に実行されるのだ。しかし後は、お決まりのパターンが待っている。ダイエットと同じで、意気込みはいつしかしぼみ、時間が経つにつれて、スタート時と何も変わっていないことがわかってくる。興奮と決意が薄れ、しだいに息切れが始まる。予想していなかったトラブル、混乱、対立などに見舞われ、取り組みへの関心が失われていく。やがて変革プログラムは見捨てられ、腰砕けに終わるのだ」。[x]

なぜ組織の変革はうまくいかないことが多いのか。なぜ変革プログラムの多くは有効に機能せず、途中で挫折してしまうのか。

結論を先に述べよう。それは以下に述べる4つの要素に関する議論が十分なされていないからだ。どのような変革であれ、それを確実に実行に移していくためには社員が変革の必要性や方向性に納得し、行動に移していかなければならない。それには、以下の4つの要素について十分な議論が必要になる。

4つの要素に関する議論とは、まず、「変革の理由」、つまり、なぜ今当社は変革する必要があるのかというWhyの議論。次に、「変革の対象」、つまり、あるべき姿はどのようなもので、それに向けて現状の何を変えるのかに関するWhatの議論。3番目が「変革の方法」、つまり、どのような手法・手段を用いて変革を実現するのかというHowの議論。そして、最後に「変革の手順」、つまり、どのような順序で変革を進めていくのかに関するProcessの議論である。[xi]

図1-2 変革プログラムを設計する際に議論すべき要素

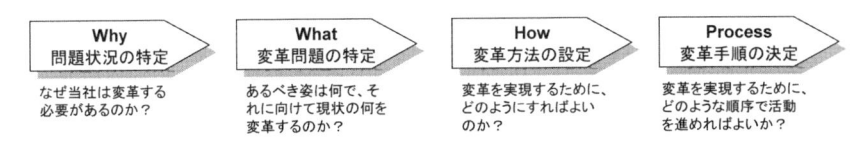

Why 問題状況の特定	What 変革問題の特定	How 変革方法の設定	Process 変革手順の決定
なぜ当社は変革する必要があるのか？	あるべき姿は何で、それに向けて現状の何を変革するのか？	変革を実現するために、どのようにすればよいのか？	変革を実現するために、どのような順序で活動を進めればよいか？

変革プログラムの設計において多くの企業はこれら4つの要素に関する議論を十分尽くし、社員が新たな一歩を踏み出すまで、彼らを納得させられるだけの材料を揃えているだろうか。こうした努力なくして、変革の実行は到底おぼつかない。以下、この4つの要素に照らし合わせながら、変革を実行させるポイントについて考えてみよう。

変革のポイント① 「変革の理由」を徹底的に議論し、社員を動機づける変革の大義名分をつくる

変革を実行させるための最初のポイントは「変革の理由」、つまり、なぜ今当社は変革する必要があるのかについて徹底的に議論し、社員を変革に向け動機づける大義名分を構築することだ。

どのようなテーマの変革プログラムであれ、そもそもなぜこの変革を行わなければ

ならないのか、という変革の背景や、変革を行う目的や意義は往々にして忘れられてしまうものだ。そして、リ・ストラクチャリングやリ・エンジニアリングといった取り組みが規定路線化され、どのようにやるのか、どんな手法を用いるのかといった、いわゆるHowの議論が中心を占めやすい。

しかし、変革プログラムを始動させる前に、そもそもわが社は何のためにERPを導入して業務改革を行うのか、何のためにナレッジマネジメントのシステムを構築するのか、何のために組織構造を変えるのか、わが社が環境変化に適応し、競争優位を保つうえで新たな経営手法を導入することは本当に必要なことなのか、といった変革の目的や意味を問い直すWhyの議論を徹底的に行わなければならない。

変革を行う意味や意義、その方向性といった点についての徹底的な議論（Whyの議論）がなされないところで、いくらHowの議論に注力しても、それは多くの社員を納得させられるビジョンや大義名分のない、単なる手法の入れ替え論議でしかないのである。

変革は、多くの社員の動機づけができていなければ挫折する。変革の影響を被る多くの社員を変革に向けて動機づけるためには、変革の大義名分や夢のある変革後の姿（変革ビジョン）を提示することが不可欠だ。

途中で頓挫する変革プログラムを見ると、プログラムを主催する経営陣やプロジェクトチームが、変革を行うそもそもの目的や意義について十分な議論をしておらず、現場の社員を動機づけるメッセージを創出できていないケースが多い。重要なのは、手法論（How）の議論の前に、変革のWhyの議論を尽くすことなのだが、現実には自社に取り入れることの意義や意味を十分議論せぬまま、流行の経営手法に次から次へと手を出し、途中で頓挫していることが多いのだ。

変革のポイント②　ハードばかりに目を向けるのではなく、ソフトの変革方法も議論する

変革を実行させる2つ目のポイントは、変革の対象、つまり、現状の何を変えるのかに関する議論においてハードばかりに目を向けず、ソフトをどのように変革するかについてもその方法を十分検討することだ。

変革は、その設計者の意図どおり、社員が動くようになってこそ成功といえる。社員の意識を変え、社員を動かす仕掛けについて十分な議論を行い、入念な方法が検討

されなければ変革は画餅に帰すだろう。

　一般に、組織変革の対象となる要素には戦略、組織構造、制度、技術、職務内容、組織文化、組織の人間の意識や価値観などがあるとされるが、これらの変革要素を氷山モデルで表したものが図1-3だ。ここでは変革の対象をハードとソフトの2つの領域に分けて説明していく。

図1-3　組織のハードとソフト

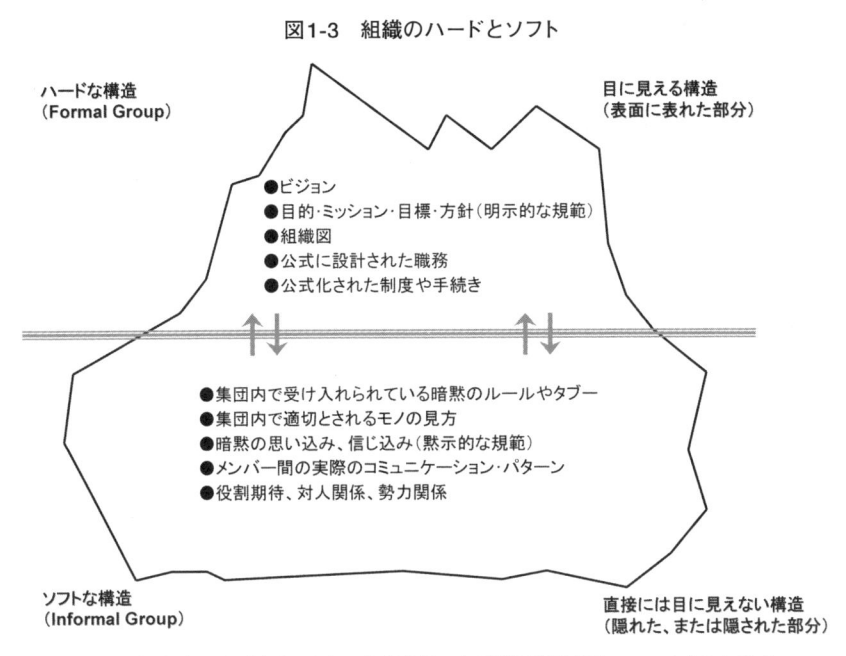

ハードな構造
（Formal Group）

目に見える構造
（表面に表れた部分）

- ●ビジョン
- ●目的・ミッション・目標・方針（明示的な規範）
- ●組織図
- ●公式に設計された職務
- ●公式化された制度や手続き

- ●集団内で受け入れられている暗黙のルールやタブー
- ●集団内で適切とされるモノの見方
- ●暗黙の思い込み、信じ込み（黙示的な規範）
- ●メンバー間の実際のコミュニケーション・パターン
- ●役割期待、対人関係、勢力関係

ソフトな構造
（Informal Group）

直接には目に見えない構造
（隠れた、または隠された部分）

出典：古川久敬（1990）『構造こわし－組織変革の心理学』誠信書房，p.127をもとに作成

　ここでいうハードの領域とは、組織構造の骨格をなし、組織の基本的な特徴を決めているもので、経営戦略、事業構造、人事制度など、目に見える制度や仕組みを指す。これに対して、ソフトの領域とは、組織メンバーの価値観や態度、能力、暗黙の相互理解など、俗に組織風土や文化と呼ばれるものとも密接にかかわる、目に見えにくい領域を指す。こうした変革の対象について考えるうえで前提となるのが、これらの要素のもつシステム性だ。

　変革を考える際には、この変革の対象のシステム性、すなわち変革の対象となるハ

ード・ソフトの各要素（戦略、組織構造、技術、職務内容、組織文化、組織の人間の意識や価値観等）が相互依存的な関係にあるということに留意しなければならない。

たとえば組織の戦略を変更する場合、その戦略を実施するための組織構造を新たに設計しなければならない。同時に人員の再配置も必要だ。また、設計した戦略をその設計意図どおり動かすためには、新しい活動の仕方に向けた組織メンバーの能力開発や意識変革も重要になる。

このように、変革の対象となる各要素は相互につながっており、関連するすべての要素を同時に変革できなければ、全体として組織が変わったとはいえないのである。しかし、多くの企業で展開されている変革プログラムは、ハード構造を変えることばかりに目が向く傾向が強い。

「変化の形が目に見え、変化の成果が捉えやすい」、あるいは「ソフトの変革に比べ、専門のコンサルタントと社内の企画スタッフの力で比較的短期間に変革を終えることができる」などがこうしたハード構造の変革に傾注しやすい理由である。

たしかに、氷山のより深い部分に位置するものほど変革していくことには時間と労力がかかる。だが、ハードの各要素を変革するだけでは、組織全体を期待する方向に向けられるほど問題は簡単ではない。失敗の事例は先にも挙げたとおりたくさんある。

逆にいえば、ソフトばかり変えても、戦略や組織構造などハードの各要素の変革に着手されていなければ変革の効果は限定的なものにならざるをえない。重要なことは、ハードの変革とそれに呼応した仕事の仕方や社員の意識、組織風土といったソフトの変革を同時に追求していくことだ。

「変革の対象」は相互に関係しあっている。変革プログラムを構築する際には、この前提を踏まえ、とかく注目されがちなハード構造の変革のみならず、ハードの設計思想と呼応させた新たなソフトをどのようにつくり上げていくかまでを視野に入れたプランニングを志向する必要があるのだ。

変革のポイント③「解凍」と「再凍結」に十分な時間と労力をかける

変革を実行させる3つ目のポイントは、変革のプロセスに関連する事柄である。

ドイツの社会心理学者で「行動科学の父」といわれるクルト・レヴィン氏は、組織変革のプロセスを、「解凍（Unfreezing）」「移行（Moving）」「再凍結（Refreezing）」とい

う3段階でモデル化した(図1-4参照)。変革においては、このうち「解凍(変革前の状態を溶かす)」と「再凍結(旧来の状態に戻らぬよう変革後の状態を固定化する)」を促す施策が特に重要になる。

図1-4　レヴィンの3段階モデル(解凍・移行・再凍結)

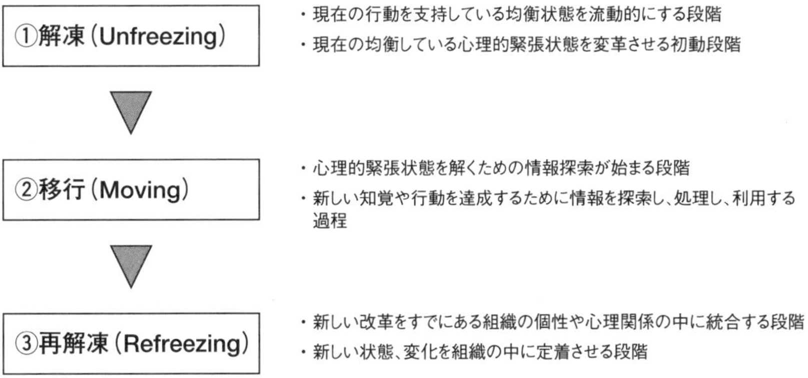

①解凍(Unfreezing)
・現在の行動を支持している均衡状態を流動的にする段階
・現在の均衡している心理的緊張状態を変革させる初動段階

②移行(Moving)
・心理的緊張状態を解くための情報探索が始まる段階
・新しい知覚や行動を達成するために情報を探索し、処理し、利用する過程

③再解凍(Refreezing)
・新しい改革をすでにある組織の個性や心理関係の中に統合する段階
・新しい状態、変化を組織の中に定着させる段階

出典:松田陽一(2000)『企業の組織変革行動』千倉書房　p.p.56〜57をもとに作成

　ここでいう「解凍」段階とは、変革の影響を受ける多くの社員に変革の必要性を認識させ、彼らの心理的抵抗を小さくする段階である。
　どのような変革プログラムも、それまで慣れ親しんできた状態が十分融けきらないうちに導入し、浸透させることは容易ではない。まずは変革が意図どおり動き出すよう、多くの社員に変革の必要性を認識させ、それまでの状態を「解凍」していく活動が求められる。
　この「解凍」がうまくなされない理由としては、社内で変革に関するコミュニケーション活動や現場の巻き込み活動が絶対的に不足していることが考えられる。
　ハーバード・ビジネススクールにおいて組織変革や組織効率、人材管理などについて教えるマイケル・ビア氏は、「変革について最初に発表した時点で特に質問がなかったからといって、従業員が変革の必要性を認めたと考えてはならない。単に驚いたり、混乱したり、ショックを受けたりしているだけかもしれない」[xii]とし、変革と行動の目的について何度も繰り返しコミュニケーションを図り、変革プログラムに対する社員

個々の考え方にも目を向けることが重要だと指摘している。
　変革プログラムの主催者側には自分たちが関わってきたプログラムに対する強い思い入れと自信がある。このため、ともすると「1回伝えればわかるだろう」などとたかをくくりがちだ。しかし、変わることは非常に大きなエネルギーを必要とする。たった1度説明会を開いた程度では、社員は変革の意味を理解しない。ましてや心を揺り動かすことなどできるはずがない。
　「解凍」作業を軽んじ、現場の社員とのコミュニケーションや現場の社員の参画がないまま、本社主導で変革プログラムを展開しすぎるとどうなるか。大抵の場合、「現場の実態を知らない本社がまたわけのわからないことを始めようとしている」「どうせ現場は検討に参加させてもらえないだろう」「変革は上に任せて、いわれたことだけやっていればいい」といった現場サイドの反発や不満、面従腹背、変革への主体性の欠如を招く結果となる。
　あくまでも、変革された制度や仕組みを使いこなすのは現場の人間であるのだから、変革の影響をもっとも大きく被る現場の人間が、プログラムに対して主体的な取り組み姿勢をみせなければ変革が前に進むはずはない。
　「なぜ今変革が必要なのか」「何の目的で変革を行おうとしているのか」「本社は現場にどうして欲しいと思っているのか」。
　そういった変革のビジョンや大義名分を何度も現場に語りかけ、現場を変革に巻き込んでいく。仮にそうした「解凍」作業を怠ったとしたら、どんなに優れた変革プログラムであっても期待どおりには機能しない。変革に対する現場の準備が整っていないのだからそれも当然だろう。
　変革が実行されるか、されないかは現場の人たちが変革をどう受け止めたか、その反応次第だ。こうした巻き込みの観点が欠如したまま、変革を本社スタッフだけで処理しようとしても結果的にはうまくいかないのだ。

　一方、実行に移された変革を組織のなかに浸透、定着させるためには「再凍結」段階のマネジメントも重要になる。
　「再凍結」段階とは、新しく策定された制度や仕組み、それらを使いこなすための新たな業務スタイルや行動様式、新たな価値観を組織やそこで働く個人に定着させていく段階である。変革を実行し、新しい仕事のやり方が自分に合っているかどうか

を確認し、自分のものとして習慣づけていく段階ともいえる。

　新しい行動様式、新しい業務スタイル、新しい仕事の進め方が定着するまでには長い時間が必要だ。リーダーシップ論の第一人者で、ハーバード大学教授のジョン・P.コッター氏は「様々な変化が企業文化に定着するには少なくとも5～10年は必要であり、そこに至るまでは新しいアプローチというものは脆く、後退の可能性をはらんでいる」[xiii]とし、「早期の勝利宣言」を戒めている。

　新たに変革されたものを定着させていくためには、変革の影響を被る組織の多くのメンバーに、変革によって生まれたものが優れた効果や価値を生むという認識をもたせることが重要だ。慶應義塾大学ビジネススクール教授の髙木晴夫氏は、このことを、「実効性の文脈」を組織内に形成することと解説している。[xiv] つまり、新しく策定された制度、新たに決められた業務スタイルや行動様式は前のものよりも良くなり、実際に役立っているという文脈が組織のなかに形成されてこそ変革されたものが実際に機能し、定着するというわけである。

　「今度の変革によって生まれたものは非常に意味があるかもしれない。ぜひうちの部署でも試してみよう」。こうした「実効性の文脈」を組織内に醸成していくためには、まず変革プロジェクトを小さくスタートさせていくことが大切だ。

　全社的に変革に取り組み、大々的な成果を上げることが先決なのではないかと思われるかもしれない。しかし、変革テーマが大きく、重要なものであればあるほど、ある特定の部門や人物がこれまで築いてきた既得権益も大きくなり、当然そうした勢力の抵抗も大きくなる。大きな勢力と真っ向からぶつかっても、体力を消耗するだけだ。もし変革に失敗し、抵抗する側の勢いが増してしまったとしたら、様子見だった勢力も抵抗側にまわり、変革は頓挫してしまうだろう。

　むしろはじめから全社的に展開しようとせず、まずは成功確率の高そうな拠点を意図的に選び、確実に成果を挙げて組織の関心を高めたり、まずは小さな問題に取り組み、徐々に成功体験を積み重ねて自信をつけながら、より重要な課題へチャレンジしていくことが重要だ。

　「小さくはじめて短期間に具体的な成果をあげる。そして成功したら、たとえそれが小さな成功であっても大きな効果があったように喧伝する」。

　こうした小さな成功が、徐々に組織に実効性の文脈を形成していく。

　このように、変革の「再凍結」を促す活動に十分な仕掛けや配慮を行うことも変革

を実行・定着させていくうえでは有効な視点となる。

(3) 変革実行力を高める

現場を巻き込む

　変革プログラムを実行し、組織のなかに定着させていくうえで重要なポイントについて、変革プログラムをデザインするうえで考慮すべき4つの要素(Why・What・How・Process)に沿って概観してきた。もう一度ポイントを整理しておこう(図1-5参照)。

図1-5　変革プログラムのデザインで考慮すべき3つのポイント

ポイント①
「変革の理由」を徹底的に議論し、社員を動機づける変革の大義名分をつくる

ポイント②
ハードばかりに目を向けるのではなく、ソフトの変革方法も議論する

ポイント③
「解凍」と「再凍結」に十分な時間と労力をかける

　変革プログラムが頓挫する要因には、これら3つのポイントを考慮していないケースが多い。「変革の理由や目的を十分議論せず、社員を変革に向けて動機づける働きかけを怠る」「現場の社員とのコミュニケーションを軽視する」「現場を変革に巻き込まない」「ハードの変革にばかり注力し、現場社員の意識改革を疎かにする」「変革を持続させるための粘り強い定着活動を行わない」……など。
　これらのケースに共通してみられるのは、変革の影響を被る組織のメンバー、つま

り現場に対する配慮の視点が欠如しているということだ。

　変革プログラムを機能させるうえで重要なポイントは、変革を実行する主体である現場を巻き込んだ活動設計がいかになされているかである。

　変革の影響を一番大きく被る現場が変革に納得し、当事者意識をもたなければ、どのような変革プログラムも成果に結びつくことはない。肝心な現場への視点が欠落していたのでは、変革は本社から押し付けられたもので関係がないものだと現場サイドは考える。現場の主体性がなくなる瞬間である。

　大切なことは、トップが変革の旗を振る一方で、同時に、トップの変革に対する思いや変革の必要性について現場の社員たちが心の底から納得し、経営トップの意向を汲み、自律的な動きを示すような状態を構築することである。すなわち、「変革の思想が組織の末端にまで浸透し、現場の動きが変わる」という状態が実現できて、ようやくその変革プログラムが成功したといえる。これが前提とすべき組織変革の考え方である。

　変革された制度を使いこなしたり、あるいは新しい仕組みのなかで働くのはあくまでも現場の人間であり、彼らが新しいハードに呼応して意識や考え方を変えないかぎり、真の意味で組織に変化は起きない。成功する変革プログラムを構築するための基本的前提はまさにこの視点である。

キーワードは現場の変革実行力

　トップが卓越した変革のビジョンを描いても、それが共感をもって現場に受け容れられ、現場が当事者意識をもって実行に移さなければ何の意味もない。工場などの生産現場、営業現場、店舗の販売現場など、変革の実行を担い、成果を出す主体者は現場だ。日産自動車において様々な改革案を実行したのはCFT（Cross Functional Team）でもなく、EC（Executive Committee）のようなトップマネジメントでもない。あくまでも改革に関係する現場（ライン）が改革案を実行し、その成果の総和が奇跡の復活へとつながったのだ。

　一方、実行が大事だというと、現場はただトップが示す改革案のとおり、実行だけしていればいいように聞こえるかもしれないが、そうではない。考えるのは本社、いわれたことを何も考えずにただ実行するのが現場、という単純な二元論ではない。

　現場は、常に変化するフロントラインのなかで、自分たちこそが新たな問題の発見

と解決を行うことができるビジネスの当事者であるという強い自負と主体者意識をもち、もし本社の指し示す方針が現場の問題意識からややずれていると感じたならば、本社に対して異議を申し立てる姿勢がなければならない。単なるトップダウンではなく、現場が意思をもって考え、本社の指し示す方向が正しい、現場に有益であると納得したうえで行動してこそ本当の意味で変革は実現するのだ。

　トヨタ自動車やキヤノン、ザ・リッツ・カールトン・ホテルをはじめ、高い現場力をもった企業には、いくつかの特徴がある。まず、現場が学習しているということ。これは自分たちがどう動くことが、会社が目指す事業目的の達成に貢献しうるのかを念頭に置き、現場でこそ知覚できる真の問題の発見と解決を行い、新たな知識や能力を獲得し続けるということだ。こうした学習を積んだ現場のリーダーが数多く輩出されてこそ、組織は持続的に変わり続ける素地を構築することができる。

　そして現場が力を発揮する前提として、本社と現場をつなぐ強力なバリュー（価値観や理念）が存在していること。トヨタがグローバルで共有し、浸透化を図っている「トヨタウェイ」やザ・リッツ・カールトン・ホテルの「クレド」、GE（ゼネラル・エレクトリック社）の「GEバリュー」などが良い例だ。現場に、自組織や仕事への誇りをもたせるために、それぞれ独自の企業理念を確立している。そしてそこには、トヨタウェイに書かれた「現地現物主義」のように、現場を尊重し、現場が意思をもって考え、行動するクセをつけるよう、現場の実践・実行を奨励するエンパワーメントの思想が凝縮されている。

　変革の際、現場が本社の意向をそのまま受け入れるような受け身の体質では真の変革はなしえない。重要なことは現場が自律的に動く仕組みと仕掛けをつくり、現場が意思をもって考え、行動するよう促すこと。そして新たな変革の方向性に対し、それが現場にとって本当に意味のあることなのかどうかをきちんと考えさせ、納得を得ることである。変革の実行を担う現場を単なる本社の手足と見たり、本社が示した変革をただ受け身の姿勢で待つ存在と捉えてはならない。

　本社と現場が喧喧諤諤の議論を展開することも必要である。日頃から自分たちが考えるクセを身につけた現場が、本社の考えた方向性に現場ならではの観点でアイデアや知恵の味付けをし、変革プログラムを双方納得のいく、より実効性の高いものにつくり上げる。この状態にまで至ればあとは現場が自律的にそれを実行プロセスに

落とし込んでいく。本書ではこうした状態を「トップと現場の戦略的なリンケージ」と呼び、真の組織変革を実現するための最も重要なポイントと捉える。

変革は単なるトップダウンで進めてもなかなかうまくいかない。現場が意思をもって考え、納得したうえで行動すること、ここが変革をマネジメントするポイントである。そのためには現場を尊重し、現場が変革に向けて自律的・主体的に動き出すよう、変革の思想を組織の末端にまで浸透させることが必要だ。変革実行力をもった現場を育成できるかどうかが変革のKFS（Key Factor for Success）になるのだ。

我々は、変革プログラムを企画・設計する際、その影響を受ける現場のことを十分意識しているだろうか。変革のアクションプランを一方的にトップダウンで現場に落とし、現場を受け身にさせてはいないだろうか。「考えるのは本社がやる。現場は動けばよい」などと、両者を二元論で捉え分離してしまうような施策をとってはいないだろうか。現場は意思をもって考え、行動しているだろうか。こうした点は、どのような変革プログラムを進めるうえでも常に問いかける必要があるだろう。

第1章の引用・参考文献

i　Carlos Ghosn. (2001) "Renaissance".（中川治子訳『ルネッサンス－再生への挑戦』ダイヤモンド社, p.171より引用）.

ii　国立社会保障・人口問題研究所『日本の将来推計人口（平成14年1月推計）』

iii　『平成16年版 情報通信白書』参照.

iv　科学技術庁科学技術政策研究所第1研究グループ (1999)『NISTEP REPORT 平成10年度科学技術振興調整費調査研究報告書　研究開発関連政策が及ぼす経済効果の定量的評価手法に関する調査（中間報告）』科学技術庁科学技術政策研究所第1研究グループ, p.26, 28, 30参照.

v　「特集／社員も知らない『最前線』松下中村革命『第2幕』」週刊東洋経済, 2004. 5. 1-8号, pp.61～62参照.

vi　嶋口充輝 (1997)『柔らかいマーケティングの論理　日本型成長方式からの出発』ダイヤモンド社, pp.168～174参照.

vii　日本経済新聞社編 (2001)『キヤノン　高収益復活の秘密』日本経済新聞社, pp.51～53参照.

viii　河合忠彦 (2004)『ダイナミック戦略論　ポジショニング論と資源論を超えて』有斐閣, p.2より引用.

ix　Peter F. Drucker, (2002) "MANAGING IN THE NEXT SOCIETY".（上田惇生訳『ネクスト・ソサエティ－歴史が見たことのない未来がはじまる－』ダイヤモンド社, 2002年, p.64より引用）.

x　Karl Albrecht. (2003) "THE POWER OF MINDS AT WORK ORGANIZATIONAL INTELLIGENCE IN ACTION". AMACOM.（有賀裕子＋秋葉洋子訳『なぜ、賢い人が集まると愚かな組織ができるのか―組織の知性を高める7つの条件』ダイヤモンド社, 2003年, pp.245～246より引用）.

xi　城戸康彰 (2005)「組織変革について―全体的な視点―」経営行動科学学会JAASワークショップ (2005. 1. 29)資料 参照.

xii　Harvard Business School Press.(2002) Harvard Business Essentials Managing Change and Transition.(岡村桂訳『ハーバード・ビジネス・エッセンシャルズ[1]変革力』講談社, 2003年, p.79より引用).

xiii　John P.Kotter.(1995) "Leading Change Why Transformation Efforts Fail". Harvard Business Review(黒田由貴子訳「【名著論文再掲】チェンジ・リーダーの8つの心得　企業変革の落とし穴」『DIAMONDハーバードビジネスレビュー　チェンジ・リーダーの思考技術』ダイヤモンド社, 2002年10月, p.83より引用).

xiv　髙木晴夫「企業組織と文化の変革」慶應義塾大学ビジネス・スクール, 1992年, pp.21〜22参照.

第2章

変革プログラムの推進体制をつくる

1　変革プログラムの登場人物

　第1章で述べたように、変革をトップダウンだけで進めてもなかなかうまくいかない。現場がその変革は自分たちにとって本当に意味のあることなのかどうかを、主体的に考え、納得してこそ変革は前に進んでいく。

　もし変革の中身が現場にとって納得のいかないものならば、それを無言のまま受け容れるのではなく、現場の考えや思いを伝え、双方がより納得する変革の青写真につくり変える作業が必要だ。そもそも本社だけの情報や視点では変革プログラムの内容にも偏りが生じることが多い。そこに現場ならではのアイデアや知恵が付加されてこそ、実効性のある変革プログラムができあがる。

　考えるのは本社で、やるのが現場という単純な二元論ではなく、より良い変革プログラムの構築に向けて双方が知恵を出し合う状態をつくり上げること。そこに十分な時間をかけ、双方が納得するようにしさえすれば、あとの実行はそれほど難しいことではない。

　変革を成功させるには、まずトップと現場が戦略的に結びつくこと、すなわち、変革のオーナーであるトップと、変革の影響を受ける現場が、目的を共有し、それぞれの立場から変革に主体的に関与していくことが不可欠なのだ。

　では、トップと現場が戦略的にリンケージし、それぞれが変革に主体的にコミットしていく状態を構築していくうえで、変革プログラムの関係者はどのような役割や機能を果たしていけばよいのだろうか。

　ここで変革プログラムに登場する主な関係者を整理してみよう。変革プログラムには主に以下の関係者が存在する。

① 　チェンジ・リーダー……変革プログラムのオーナーである経営トップ
② 　チェンジ・エージェント……トップが掲げる変革ビジョンを具現化し、現場で変革活動を展開する実行部隊
③ 　変革推進チーム……チェンジ・リーダーやチェンジ・エージェントをサポートし、両者を結びつける事務局
④ 　組織メンバー……変革の影響を受ける大多数の社員

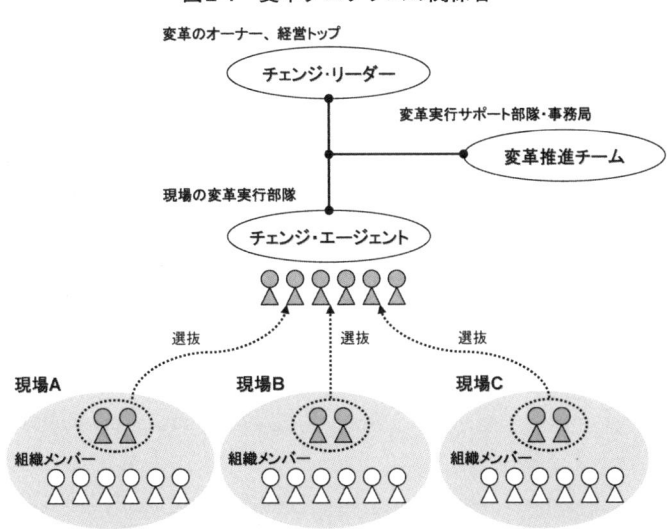

図2-1　変革プログラムの関係者

変革のオーナー、経営トップ
　　チェンジ・リーダー

変革実行サポート部隊・事務局
　　変革推進チーム

現場の変革実行部隊
　　チェンジ・エージェント

選抜　　選抜　　選抜

現場A　　　現場B　　　現場C
組織メンバー　組織メンバー　組織メンバー

　これまで、組織変革をめぐる様々な議論では、一部のカリスマ型リーダー、つまり①のチェンジ・リーダーの活躍に焦点が当てられることが多かった。しかし、チェンジ・リーダーのトップダウンで、決定事項だけを現場の社員に押し付けても組織が変わりにくいのはすでに述べてきたとおりである。

　日産自動車のV字回復の軌跡でも、たしかにチェンジ・リーダーとしてのゴーン氏のリーダーシップがクローズアップされたが、一方で、ゴーン氏の経営再建の方向性を具現化し、改革案を実行に移す重要な役割を担ったラインのミドルや無数の一般社員の存在とその活躍も忘れてはならない。

　変革は、チェンジ・リーダーの動きに呼応する現場をつくってこそ、機能し始める。その意味では、変革の主役はチェンジ・リーダーだけではない。現場で変革活動を推進するチェンジ・エージェントを含めた現場も主役の一人なのだ。

　本章では変革プログラムの主役であるトップとチェンジ・エージェントに焦点を当て、その役割と機能を紐解いていく。トップと現場それぞれが変革に主体的にコミットしていく状態を構築するために、それぞれがどのような役割を果たしていけばよいか、ま

ずは変革におけるトップのリーダーシップから見ていくことにしよう。

2 変革におけるトップのリーダーシップ

(1) 変革の主体者としてのトップマネジメント

　組織に"変革の揺らぎ"をつくり出すのはだれだろう。トップだろうか、能力や意欲溢れるミドルマネジャーだろうか、それとも強い問題意識をもったボトムの若手社員だろうか。

　「変革型ミドル」という言葉があるように、変革のきっかけをつくり出すのはトップマネジメント以外であることもありえる。

　しかし、変革を決断し、推進し、最終責任を負うのはやはりトップマネジメントである。それには大きく2つの理由がある。

　第1の理由は、ダイナミックな変革には「トップの視点」が欠かせないからだ。会社全体を見渡し、部分最適に陥らずに変革を推進できるのはトップ以外にはない。特に第1章で見たような構造的な変化の時代に対処するために、これまで成功してきた仕組みや枠組みをも否定するほどの大きな方向転換を伴う変革はトップでなければ決断できない。こうした決断は本来的に企業の舵取りを担うトップマネジメントこそが行うべきものである。

　もちろん、変革の契機が一般の社員など現場から生じることはある。しかし、それを拾い上げ、位置付け、変革へのゴーサインを出すのはトップマネジメントでなければならない。

　トップにとって、現場が重要であることはいうまでもない。しかし、現場だけを見ていてはダメだ。組織全体を俯瞰しつつ現場の情報や意見を吸い上げ、変化の流れや現状を見極めながら、環境に適応するための変革に取り組んでいく必要がある。

　トップには変革のリーダーとして、企業を取り巻く環境の変化を捉え、進むべき方向性を明確に示すことが求められるのである。変革の決断を下すことこそ、トップマネジメントの仕事である。たとえ社員全員が違ったことをいって、コンセンサスを得られなかったとしても、「ここぞ」というときには決断しなければならない。[i] 得てして変革と

いうものは、多くの社員が嫌がる方向へと踏み出すことであり、そのような状況が多いはずである。

第2の理由は、組織内外の強い抵抗に打ち勝つためには、変革に対してトップが強い意志をもち、変革を全面的にバックアップしていくことが不可欠だからである。

人は本質的に変化を好まない。そして、変革には大なり小なり痛みが伴う。それゆえ、変革は組織内外の強い抵抗に遭う。このとき、トップが傍観者であったり、主体者意識が薄かったりすると間違いなく変革は頓挫する。

また、言葉だけではなく、行動も伴わなければならない。いうこととやることが乖離していては変革はおぼつかない。現場の社員たちはトップマネジメントの動きを注視し、変革に対する本気度を常に量っている。変革の必要性や、変革にかける想いを一貫して説きつづけ、それを自ら体現していくことが不可欠なのである。

組織を変革していくためには、組織内外の強い抵抗にも屈せず、変革を成し遂げていく強いリーダーシップの発揮が求められる。変革に魂を入れるのはトップに他ならないのである。

(2) トップマネジメントに求められる役割

では、トップマネジメントは企業変革において、具体的にどのような役割を果たすことが求められるのだろうか。

組織変革の8ステップ

ハーバード・ビジネススクール教授のジョン・P. コッター氏は、100以上の大規模な企業変革の事例分析をもとに、組織が変革に失敗する8つの原因をあげ、併せてそれを回避するための8つのステップを提示している[ii]（図2-2参照）。これらは、企業変革を進めるうえで、トップマネジメントが変革の主体者として果たすべき役割を考える際にも有益な枠組みといえるだろう。

また、彼は同時に、変革におけるリーダーシップの重要性も強調している。彼は「リーダーシップ」を、激しく変化する環境に組織を適応させていくために、組織の将来像を描き、それに向けて人々を束ね、障害にもひるまず乗り越えるよう人々を鼓舞するもの[iii]として捉えており、変革においてはマネジメントよりもリーダーシップが果たす

役割のほうがはるかに大きいという。

図2-2　企業変革の失敗要因とコッターの8つのステップ

企業変革に失敗する要因
①従業員の現状満足を容認する
②変革推進のための連帯を築くことを怠る
③ビジョンの重要性を過小評価する
④従業員にビジョンを周知徹底しない
⑤新しいビジョンに立ちはだかる障害の発生を許してしまう
⑥短期的な成果をあげることを怠る
⑦早急に勝利を宣言する
⑧変革を企業文化に定着させることを怠る

▶

大規模な変革を推進するための8段階のプロセス
①危機意識を高める
②変革推進のための連帯チームを築く
③ビジョンと戦略を生み出す
④変革のためのビジョンを周知徹底する
⑤従業員の自発を促す
⑥短期成果を実現する
⑦成果を活かして、さらなる変革を推進する
⑧新しい方法を企業文化に定着させる

出典：John P. Kotter.(1996) "Leading Change", Harvard Business School Press.(梅津裕良訳『企業変革力』日経BP社, pp.16～33, p.45をもとに作成

　さらに、コッターはこれらの8つの段階は、図に示した順序に沿って実行することが重要であり、順序を変えたり、1つの段階をスキップしたり、各段階で成果を出さないうちに先を急ぐと問題が生じることを強調している。
　もっとも、日本で企業変革の事例をリサーチした神戸大学教授の金井壽宏氏によれば、順序に関してはコッターの主張は裏付けられなかったという。そのうえで8ステップは決定論的なものとして捉えるのではなく、あくまでもガイドとして捉えることが望ましいとしている。[iv]
　こうした点を踏まえつつ、コッターの考え方を参考にしながら、組織変革においてトップマネジメントに求められる役割について考えてみよう。

トップマネジメントに求められる3つの役割

　我々は企業を変革するにあたって、トップマネジメントには大きく3つの役割があると考えている。それは「方向性の提示」「体制づくり」「実行支援」の3つである（図2-3参照）。

①　方向性の提示

　トップがまず行うべきことは変革の方向性を社員全員に提示することである。自社

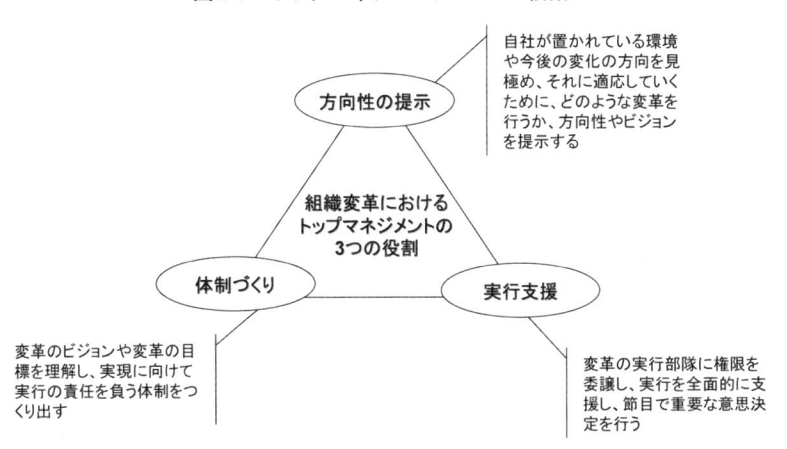

図2-3　トップマネジメントの3つの役割

方向性の提示：自社が置かれている環境や今後の変化の方向を見極め、それに適応していくために、どのような変革を行うか、方向性やビジョンを提示する

組織変革におけるトップマネジメントの3つの役割

体制づくり：変革のビジョンや変革の目標を理解し、実現に向けて実行の責任を負う体制をつくり出す

実行支援：変革の実行部隊に権限を委譲し、実行を全面的に支援し、節目で重要な意思決定を行う

が置かれている現在の環境や今後の変化の流れを見極め、それに適応していくためにどのような変革を行うのか。そのビジョンをはっきりと打ち出すことが求められる。

　優れたビジョンはそれだけで人をひきつけることができる。コッターは先の8つのステップのうち、有意義なビジョンの存在こそがもっとも重要な要件であるとしている。そのうえで、企業変革を成功に導くためには、ビジョンは「簡明で平易なものであるべきだ」[v]という。コッターが主張する優れたビジョンに備わる6つの特徴は表2-1のとおりである。

表2-1　優れたビジョンに備わる6つの特徴

特　徴	概　要
目に見えやすい	将来の姿がはっきり示されている
実現が待望される	顧客、株主、従業員などステークホルダーの利益が盛り込まれ、それぞれが実現を望むものになっている
実現可能である	（ストレッチが必要でもよいが）現実的で達成可能である
方向を示す	メンバーの判断の基準がはっきり示されている
柔軟である	人々を拘束しすぎず、メンバーの自発性を許容している
コミュニケートしやすい	難解なものではなく、理解が容易である

出典：John P. Kotter. (1996) "Leading Change", Harvard Business School Press.（梅津裕良訳『企業変革力』日経BP社, p.122 をもとに作成

一例としてキヤノンのビジョンを挙げておこう。同社は2001年から5か年の長期経営計画「グローバル優良企業グループ構想フェーズⅡ」をスタートさせており、そのなかで「真のグローバル・エクセレントカンパニー」というビジョンを掲げ、その実現に向けた課題を4つ挙げている。

　社長の御手洗冨士夫氏の言葉によれば、「まず第1に、すべての事業が世界一であること。2番目に、新しい事業を生み出せる強い研究開発体制をつくること、3番目に、強靭な財務体質をもった会社にすること、4番目に、社員が理想に燃えて挑戦できる闊達な社風をもっていること」[vi]であるという。

　また、民事再生法を申請した老舗企業の福助を社長として復活に導いた藤巻幸夫氏は、福助が「変わる(変わった)」ということを社内外に示すために、CI(コーポレート・アイデンティティ)を展開した。そこでは「福助は日本発・世界ブランドを目指す」というビジョンと、それを支える新生福助のスローガンとして「『進化する老舗、福助。』-『伝統とセンスを未来への挑戦に。品質にこだわり美しく快適な生活を求めて』」[vii]が提示されている。

　キヤノンにしろ、福助にしろ、こうした優れたビジョンによって変革の方向性がはっきりと示されていることがわかる。

　ただし、ビジョンを示しただけでは絵に描いた餅である。そのビジョンがメンバーに内在化されるよう「変革ビジョンを売り込む」ことも欠かせない。ビジョンの背景や意味づけも含めて、トップマネジメントが継続的に社内にコミュニケートすることは重要である。そうした働きかけを通じて、企業の変革に向けた土壌が整備されていくことになる。

　先に紹介した福助の藤巻氏は、新生福助に向けた変革を進めるために、上記のメッセージを、あらゆるメディアを通じて外に向けて積極的に発信することで、社内のメンバーに対して自分自身の想いを伝えようとしたという。[viii] またIBMの前CEOのルイス・ガースナー氏は次のように述べている。

「CEOが犯しがちな過ちは、社員に変化しろと命令して、それで終わってしまうことです。変化を好む人はあまりいませんし、ほとんどの人は変化を恐れるが故に、変わろうとしません。会社を大胆にリストラしようとするCEOは、日々社員と話し合い、『なぜ会社が変わらなくてはならないか』を理解してもらい、変革を推進していかねばなり

ません。

　だから私は最初の2〜3年、『なぜ変化が必要なのか』を社員に理解してもらい、変化を受け入れる組織を作っていったのです」。[ix]

　この言葉からも、変革の土壌をつくるためには社内に対してトップの方向性を伝えるコミュニケーションが重要であることがわかる。

　また、こうしたコミュニケーション活動は変革のビジョンの発信時だけ行えばよいというものではない。随時、変革の途中経過を発信し、結果が生じるまでの一連の手続き・プロセスがいかに公正になされているか（これを社会学では「手続き的公正性」と呼ぶ）を社員に伝えていかなければならない。

　社会学の研究では、こうした手続きに関するあらゆる情報が開示され、「手続き的公正性」が保たれていることが信頼を獲得するうえで重要であるとされる。組織変革では、どういうプロセスで変革を進めるのか、変革にはどんな手法を用いるのか、変革によって現場はどういう影響を被るのか、といった変革の「手続き」に関するすべての情報を現場に開示することが不可欠となる。もちろん、その意味では変革が失敗したときにはそのことを正しく伝えるなど、信頼性のある情報を開示することは最低条件である。

　トップマネジメントがこうした変革プロセスの情報開示を進めることで、現場の信頼が得られ、人々の積極的な協力と高いパフォーマンスが保証される。

② 体制づくり

　変革の方向性を打ち出し、継続的かつ重層的な社内コミュニケーションを展開する一方で、トップマネジメントは自分のビジョンを実現するための体制を用意する必要がある。

　「創造と破壊」を掲げ、組織の大規模な変革に取り組む松下電器産業社長の中村邦夫氏は、変革を進めていくためには、社内に「化学反応」を起こす仕組みが必要だとして、プロジェクトチームを積極的に活用する方針を表明している。[x] 自らの打ち出した方向性を実現するための体制として、様々な立場の人が交じり合い、「化学反応」が起きるプロジェクトチームを固定的な組織と併用していこうとしているのである。

　一般に企業の変革は固定的な組織に頼っていてはなかなか成しえない側面があ

る。松下電器産業のように機能横断的なチームを活用し、期限を切って特定の課題に取り組ませることは効果的である。

また、キヤノン社長の御手洗氏は、組織に横串を通し、変革を進める仕掛けとして、経営革新委員会と、その下部組織として「生産・物流システム」「開発システム」など8つの専門委員会をそれぞれ設置した。そして、それぞれの委員会の責任者に各部門のトップを据えて兼務させることで、縦割り組織の抵抗を排除したという。

さらに、先に紹介したセル生産方式の社内展開にあたっても、トップと現場の間に潤滑油的な役割のメンバーを配置したり、全工場から選抜した人材を集めた「セル生産研究会」を開催するなど、スムーズに展開するためのいくつかの手を打っている。[xi]

一方、本書でも何度か紹介している日産自動車におけるCFT（クロス・ファンクショナル・チーム）の活用も体制づくりの方策の1つといえるだろう。

日産の問題の解決策は社内にこそあると判断したゴーン氏は外部コンサルタントを活用することをやめ、NRP（日産リバイバルプラン）作成の担い手として、CFTを設立した。そして、有能な人材をここに集めたうえで、マネジメント側とCFTの間に適度なバランスを維持することに腐心したという。[xii]

このように、変革の主体者であるトップが自らのビジョンを実現するためには、変革を遂行しうる体制をつくり出さなければならない。組織の変革はトップ1人で成し遂げられるわけではない。トップマネジメントの打ち出したビジョンや、変革プロジェクトに寄せる期待や目標を理解し、その実現に向けて実行責任を負う体制の構築が不可欠なのである。

③ 実行支援

トップマネジメントに求められる最後の役割は、実行支援である。当然のことながら、実際に変革に取り組むのはトップマネジメントではなく、現場だ。トップマネジメントは、変革の方向性を提示し、そのための体制をつくり上げた後は、変革に取り組む現場を支援する役割を担うことになる。言い換えれば、変革の実行部隊に権限を委譲し、その実行を全面的に支援するとともに、重要な内容について節目節目で意思決定することが重要な役割となる。同時に、実行に抵抗を示すメンバーに対しては翻意を働きかける役割も期待される。

キヤノン社長の御手洗氏は、経営革新委員会の第1回目の会合を、先に紹介した

セル生産方式の導入によってベルトコンベアが消滅した工場内で行っている。主だった役員に、生産革新の実態を直接見せることで、その成果や効果を実感させ、変革に対する抵抗を未然に防ごうというねらいだ。また、会議の場でもことあるごとにセル生産に言及するなど、いろいろな手を使って粘り強く説得を続けたという。[xiii]

　変革には抵抗がつきものだ。変革の実行を担う部隊がそうした抵抗に打ち勝っていくためにはトップマネジメントの全面的な支援が不可欠である。トップマネジメントには、抵抗を排除し、メンバーを鼓舞していく変革の支援者としての役割が求められるのである。

3　変革における現場のリーダーシップ

(1) チェンジ・リーダーだけでは組織は変わらない

トップのリーダーシップの限界

　変革への取り組みには、チェンジ・リーダーとしてのトップが変革の「方向性」を提示し、変革を起こすための「体制」をつくり、なぜ変革が必要なのかを社員に理解してもらうコミュニケーション活動や変革の実行部隊への「支援」が欠かせない。変革への強い意志と、明確で夢のあるビジョンをもったチェンジ・リーダーがいてこそ、変革プログラムは始動する。

　しかし一方で、変革にはチェンジ・リーダーとしてのトップのリーダーシップだけでは限界もある。変革に向けてトップがいくら熱い想いを毎日メールで社員に送ろうとも、受け取る側の社員のなかには、どこ吹く風と、ほとんど読まない者もいるだろう。あるいはトップが直接現場の社員とコミュニケーションを図ろうと現場視察に訪れたとしても、なかには「うちはうまくいっています」と体裁を繕う現場もあるかもしれない。トップと現場の間に信頼関係が成立していない場合はなおさらである。

　ではなぜ、トップが変革のメッセージを発しても、現場の社員にその想いが通じないのだろうか。

人々の価値前提を把握することが必要

　最大の理由は、組織が様々な意図や目的、価値観をもった人々の複雑な集合体であるからである。組織を構成するのが人間である以上、状況の捉え方、モノの見方、考え方は人によって異なる。したがって「このままではうちの会社は危ない」とトップがどんなに強く訴えても、ピンとこない、あるいは深刻に受け止めない人たちもいる。

　仮にトップの肝煎りで何らかの変革プログラムが始動したとしても、必ずしも変革にむけてベクトルが揃うとは限らない。変革をネガティブなものと捉えたり、不安視したり、むしろトップの思惑とは異なる方向を向いてしまう可能性も否定できない。

　人間には、論理や理詰め、目先の事実だけでは説明できない独特の思考様式がある。こうした人の価値観や理念的動機に基づく思考前提を「価値前提」[xiv]というが、変革の影響を被る人々が抱く期待感や不安感、様々な思惑も、実はこの「価値前提」をもとに生まれてくる。

　組織変革においては、こうした独自の「価値前提」をもつ個々の社員が、変革に対してどのような認識をもっているのか、変革に対してどれくらい心の準備ができているのかを把握することが非常に重要なのである。

　独自の「価値前提」をもつ社員をトップの意のままに動かせるコマであると考え、一気に変革を進めようとすることは避けなければならない。多様な人間の思惑とそれを生み出す個々の価値前提を把握することなくして組織が変革されることはありえないという認識をもつことが必要である。

　しかし、多種多様な価値前提をもった人間を「変革」という目的のもとに1つに束ねるために、トップが現場をくまなく回り、社員一人ひとりに変革のメッセージを発信し、社員の理解を得るのは容易なことではない。組織が大きくなればなるほど、物理的にも限界がある。そこにはもう1つ、現場において社員の動機づけを行い、さらに変革に向かって強く引っ張っていく、トップとは別の次元のリーダーシップが求められることになる。

(2) 現場で変革を推進するチェンジ・エージェント

チェンジ・エージェントとは

　変革を推進していくために、トップのリーダーシップとは別に求められるのが、トップ

が掲げる変革ビジョンを具現化し、実行に移す現場の実働機能だ。ここでは、現場で変革を推進する「現場の変革実行部隊」の役割について考えていくことにしよう。

現場の第一線で、変革のリーダーシップを担う人物を本書ではチェンジ・エージェント（Change Agent＝CA）と呼ぶ。これは、トップの変革ビジョンを理解し、トップと現場の代理人（分身）となって、変革に対する社員のコミットメントを醸成し、現場で変革のムーブメントを先導する人たちを指す。いわば、より現場に近いレベルで、トップの変革への想いを翻訳し、伝播する現場のリーダーである。現場レベルでの変革を推進していくために、現場と同じ目線で考え、共通の言葉で伝えていく存在であり、同時に、変革を強制するのではなく、変革の意図や意味を粘り強く伝えて周囲を説得し、共感の輪を広げていく存在でもある。

単にトップの意向を丸呑みするのではなく、また現場の意向だけを踏まえるのでもなく、両者の媒介役となって、トップの想いや意図を現場へ、現場の意思や考えをトップへ伝え、両者をつなぐ役回りを担うイメージだ。

チェンジ・エージェントは、変革に関係する現場から選抜され、組織の枠を超えたプロジェクトチームを結成し、活動する。ただし、チェンジ・エージェントは現場に近ければだれでもいいというわけではなく、「一定の要件」を備えた人物でなければならない。では、現場レベルで変革推進機能を担うチェンジ・エージェントにはどのような役割や能力が求められるのであろうか。

チェンジ・エージェントの役割

我々が考えるチェンジ・エージェントの役割は大きく以下の2点である。

1つ目は「変革の触媒」として、変革の意味や意図を理解して、それを他のメンバーに積極的に伝えていくことで、組織メンバーの変革活動に対する前向きな姿勢を引き出す役割である。

変革の推進においては、最初から全員を動機づけたり、変わることを強要しなくとも、ボウリングのキングピンのように、他のメンバーに影響力のある、説得力の高い人を動かせばいずれ全体がついてくる。[xv] チェンジ・エージェントは変革の仲介者であり、こうした、大きな影響力を有する一部のキーパーソンを動かし、多くの組織メンバーに変革活動を始動させる触媒の役割を果たす。

そしてもう1つは「現場の代表」として、現場の実情や、変革をスムーズに浸透させ

るための具体策などをトップにフィードバックする役割である。

　変革を進めていくなかでは、必ずといってもいいほど現場から「トップが考えている方向に会社をもっていくとしても、各現場にはこんな問題がある。これを解決しないかぎり前に進まない」「トップがやろうとしていることを現場で実現するには、こういう制度やシステムが必要だ」といった反応が出る。チェンジ・エージェントは「現場の代表」として、こうした現場の声を吸い上げ、トップや本社の変革推進チームに届けるといった役割を果たす。

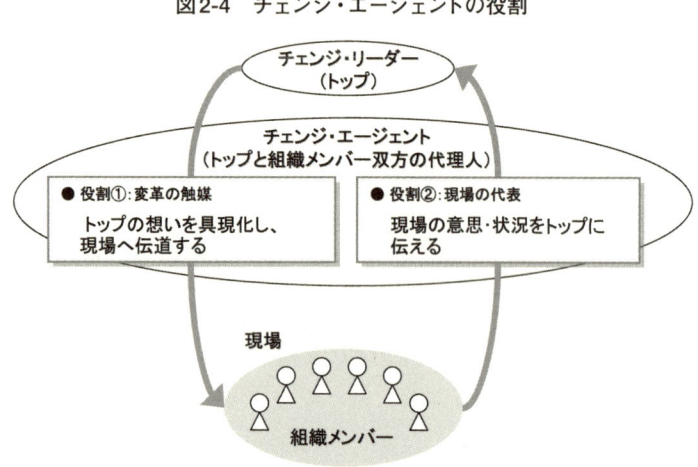

図2-4　チェンジ・エージェントの役割

```
           チェンジ・リーダー
              （トップ）

        チェンジ・エージェント
    （トップと組織メンバー双方の代理人）

● 役割①：変革の触媒        ● 役割②：現場の代表
  トップの想いを具現化し、     現場の意思・状況をトップに
  現場へ伝道する            伝える

              現場
           組織メンバー
```

チェンジ・エージェントに求められる能力

　チェンジ・エージェントにはどのような能力が求められるのか。我々はチェンジ・エージェントに求められる能力を図2-5のように、「適性」「知識・スキル」「組織内基盤」の3つの観点から捉えている。

① 適　性

　まず、組織に対する危機感や「我が事意識」が強いこと、組織に対するコミットメントが高いことが挙げられる。愛着がない組織には、もっとこうすべきだという建設的な問題意識をもつこともない。

第2章：変革プログラムの推進体制をつくる

図2-5　チェンジ・エージェントに求められる能力

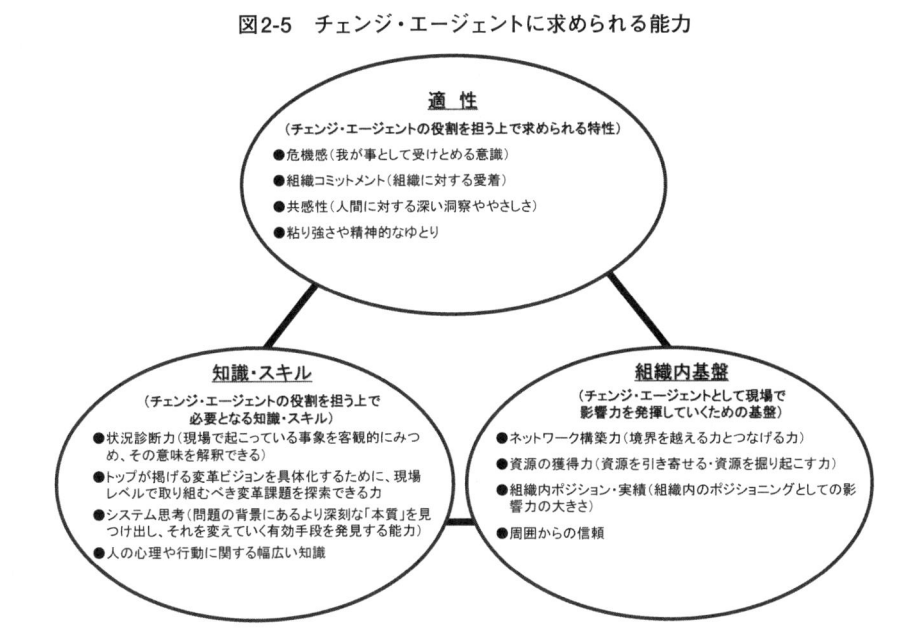

適　性
（チェンジ・エージェントの役割を担う上で求められる特性）
- 危機感（我が事として受けとめる意識）
- 組織コミットメント（組織に対する愛着）
- 共感性（人間に対する深い洞察ややさしさ）
- 粘り強さや精神的なゆとり

知識・スキル
（チェンジ・エージェントの役割を担う上で必要となる知識・スキル）
- 状況診断力（現場で起こっている事象を客観的にみつめ、その意味を解釈できる）
- トップが掲げる変革ビジョンを具体化するために、現場レベルで取り組むべき変革課題を探索できる力
- システム思考（問題の背景にあるより深刻な「本質」を見つけ出し、それを変えていく有効手段を発見する能力）
- 人の心理や行動に関する幅広い知識

組織内基盤
（チェンジ・エージェントとして現場で影響力を発揮していくための基盤）
- ネットワーク構築力（境界を越える力とつなげる力）
- 資源の獲得力（資源を引き寄せる・資源を掘り起こす力）
- 組織内ポジション・実績（組織内のポジショニングとしての影響力の大きさ）
- 周囲からの信頼

　また、変革は、変革を志す者と変革される者の間に軋轢や不協和を生じさせる。変革を成し遂げようとすれば必ず抵抗しようとする勢力が現れる。人間が変化し、新しいことを受け容れるというのは想像以上の苦痛を伴うものである。スムーズに変化を受容できない層も必ず存在する。彼らを理解し、導いていくための人間に対する深い洞察力や優しさといった共感性も、チェンジ・エージェントに求められる。

　また前章で述べたとおり、変革プログラムは即効性をもった万能薬ではない。一人ひとりの社員の行動や意識にまで変化を及ぼし、新しいスタイルが「文化」としてその組織に定着するまでには相当長い時間が必要になる。その意味で、粘り強さや精神的なゆとりも必要だ。

② 知識・スキル

　チェンジ・エージェントに求められる知識やスキルとしては、現場で起こっている事象を客観的に見つめ、その意味を解釈できる状況診断力、トップが掲げる変革ビジョンを具現化するために現場レベルで取り組むべき変革課題を探索できる力、システム

思考、そして人の心理や行動に関する幅広い知識などを挙げることができる。

　このうちシステム思考とは、物事を多角的・多面的に捉え、各要素の位置付けや関連性に留意しながら、複雑な事象間の関係やその背景にある事柄を理解していくアプローチを意味する。組織の問題状況は多くの要素が複雑に絡み合っている。その問題解決には各要素の関連性に十分注意を払いながら、問題状況を多角的・多面的に捉え、意味付けていく力が必要である。

　一方、変革に際して人間はどのような基本心理をもつのか。社会心理学や組織行動論の分野では、このテーマについて何人かの研究者がいろいろな角度から研究を行っている[xvi]が、チェンジ・エージェントもこの点について一定の理解が求められる。

　なぜこの人は変革プログラムに抵抗するのか、この人が動かない理由は何か。あるいはこの職場に大きな影響力をもち、実質的に職場を動かしているキーパーソンはだれか、そして、変革へのコミットメントを醸成するにはどうすればよいか。そういった知見の習得は、変革活動を阻害しようとする様々な要因を克服するうえで極めて有用だ。

③　組織内基盤

　このほか、現場で影響力を発揮していくための「基盤」も忘れることができない。それが組織内基盤として図2-5に示した4つのポイント、すなわち、「ネットワーク構築力」「資源の獲得力」「組織内ポジション・実績」「周囲からの信頼」である。これらのポイントは、いわばチェンジ・エージェントとして組織に影響力を発揮していく際に拠って立つ活動基盤がどれだけ構築できているかを示すものである。

　ハーバード・ビジネススクール教授のマイケル・ビア氏も、チェンジ・エージェントに求められる要素の1つとして、有能で信頼に足る人物であると他人から認められる点を挙げる。[xvii] メッセージを受ける側の人間は、その前にメッセージを伝える側の人間を受け入れなければならないからである。

　実際、変革という重大な局面において、あまり実績もない人間が意見を述べても、耳を貸す者などいない。また、組織内外に広い人脈がなければ、活動に必要なリソースの確保に支障が出てしまう。

　以上が、我々の考えるチェンジ・エージェントに求められる能力だ。こうした能力モ

デルを踏まえつつ、実際には、変革プログラムのテーマや企業の置かれた状況によって、チェンジ・エージェントとして選抜すべき人材像を個別に検討していく必要がある。チェンジ・エージェントの選抜に関するより具体的な視点は、第5章に解説しているので参考にしていただきたい。

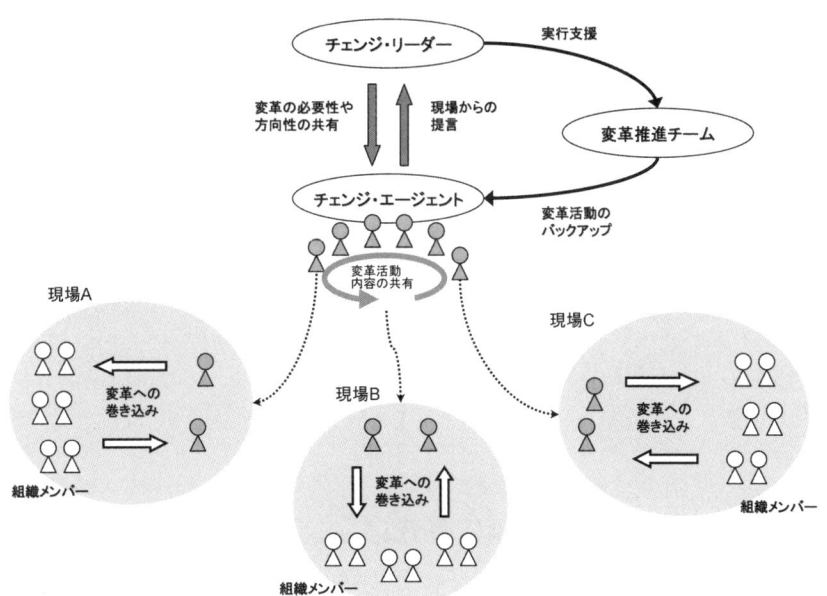

4　トップ、チェンジ・エージェント、変革推進チーム　三位一体の動き

　本章ではこれまで、変革におけるトップと現場それぞれの役割について概観してきた。変革を成功に導くためには、チェンジ・リーダーとしてのトップの強いリーダーシップに加え、チェンジ・エージェントによる現場のリーダーシップも不可欠な要素である。トップと現場それぞれが変革の目的を共有し、ともに変革に向けたリーダーシップを発揮してこそ変革は成し遂げられるのである。

図2-6　トップ、チェンジ・エージェント、変革推進チーム　三位一体の動き

ここでは本章の最後として、トップとチェンジ・エージェント、さらに両者の活動を支え、結びつける変革推進チーム（事務局）の役割を加え、変革を実行し、成功させるうえでこれら三者がどのような動きを示すことが望ましいのか、3つのポイントを述べることにしよう。

(1) 変革の必要性や方向性を共有する

　変革を推進していくためには、まずその第一歩として、チェンジ・リーダーや変革推進チームといった変革プログラムの企画者サイドと、現場の代表であるチェンジ・エージェントチームが、変革の目的を共有することが必要になる。それはトップと現場とが方向性をすり合わせる最初の段階ということもできる。

　前述したように、チェンジ・エージェントはトップと現場、両者の媒介役である。単にトップの意向を丸呑みするのではなく、また現場の意向だけを踏まえるのでもなく、トップの想いや意図を現場へ、そして、現場の意思や考えをトップへ伝え、トップと現場の双方が変革に向けて一枚岩になる状態をつくり上げるのが彼らの役割だ。その意味でも、まずはチェンジ・エージェントが、自分の言葉で変革プログラムの必要性や方向性を語れるような状態にならなければならない。

　そのためには、トップとチェンジ・エージェント、およびチェンジ・エージェント同士が、なぜ変革プログラムを始動させなければならないのか、変革が成し遂げられたあとの最終的なあるべき姿としてトップはどんな姿を目指しているのか、トップが掲げる変革ビジョンや方針を実現するためには、具体的にどのような課題に取り組むことが必要なのかなどについて徹底的に議論し、お互いがそれぞれの考えを受け容れたうえで、「ともに変革にあたろう」とする状態をつくることが重要になる。[xviii]

　トップの意を汲んだチェンジ・エージェントを中心として、現場が組織としての一体感を担保しながら自律的に変革に向かって動き出すためには、この段階を経ることが必要だ。また、この段階を経て、トップと現場の間に真の信頼関係が構築されるのだ。

(2) 組織メンバーを変革に巻き込み、変革の勢力を拡大する

　組織をこう変えたいというトップの変革ビジョンや、変革プログラムの必要性・方向

性についてベクトルを合わせ、自分の言葉で変革の意味を語れるようになったチェンジ・エージェントたちは、その後、現場に戻り、その他の組織メンバーに対して変革の伝道活動を展開する。

変革は、現場の代表であるチェンジ・エージェントだけがその内容に納得しても成功しない。彼らの口から語られる変革の意味が、組織の大多数を占める現場の人間に浸透してこそ、変革は実現する。変革のキーになる部門や個人、あるいは変革に抵抗する部門や個人をも変革に巻き込み、チェンジ・エージェント以外にも変革にコミットするメンバーを各現場につくり上げることが重要なのだ。

チェンジ・エージェント以外にも変革にコミットするメンバーは変革に対するシンパである。こうしたシンパが様々な現場で誕生すれば、彼らが更に別のメンバーに変革の必要性を呼びかけ、新たなシンパをつくり、さらにそのシンパが別のシンパを、という具合に、変革プログラムに賛同する人々が次々に増殖していく。こうした状態をつくり上げるまで粘り強い浸透活動を展開するのがここでのポイントだ。

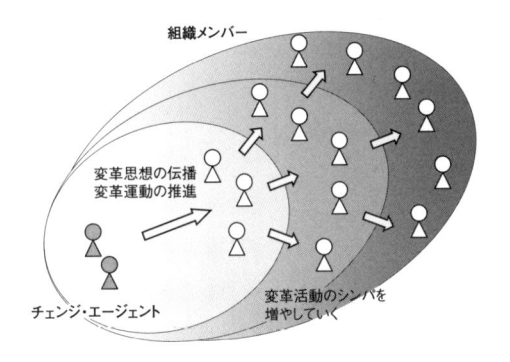

図2-7　変革のシンパをつくる

「ある組織において、信念や内的エネルギーの強い人の数が一定の臨界点を超えると、その瞬間、組織全体に新しい考え方が急速に拡大し、きわめて短期間で抜本的な変化が起こる」[xix]という考え方がある。この臨界点を「ティッピングポイント（Tipping Point）」という。ここでの活動はまさに、変革が後戻りせぬよう、第2、第3のチェンジ・エージェントを養成して変革の勢力を拡大し、さらにそれを束ね、このティッピングポイントを超えるための活動といえよう。

(3) 変革推進チームが変革活動をバックアップする

　変革プログラムには、組織政治的に中立で、変革を進めるトップとのパイプをもつスタッフが欠かせない。変革プロジェクトに専念する専門スタッフチームをつくることは、トップの変革に対する意気込みや本気度を社員に発信することにつながる。もし、変革プログラムの主管部署や主管チームがないならば、変革専門のスタッフ部隊を早急に整備する必要がある。

　変革の推進において重要なことは、そうした変革プログラムの推進母体である専門スタッフ部隊が、チェンジ・エージェントの現場での変革活動が円滑に推進されるよう、しっかりとしたバックアップサポートを行うことである。

　チェンジ・エージェントが現場で行う変革活動には様々な困難が伴う。チェンジ・エージェントを動機づけ、彼らが現場で変革活動を展開しやすくなるよう、変革意識を社内に醸成させる適切なプロパガンダ活動や、変革プロジェクトの進捗管理も欠かせない。

　以上みてきたように、変革プログラムをスタートさせる前に、まずこうした3つのポイントを押さえ、現場へ浸透・定着させるところまでを見据えた設計図を描くことが必要である。

　続く第3章からの各章では、これら3つのポイントについて、より詳しく具体的な展開方法を述べていくことにする。

　まず第3章では第1のポイントであるトップと現場が方向性をすり合わせるための方法論について、第4章では第2のポイントであるチェンジ・エージェントの現場に対する変革の浸透活動について、そして第5章では変革のムーブメントを維持・発展させるうえで欠かせない変革推進チームの役割と具体的な活動内容について、それぞれ詳細を解説していくことにしよう。

第2章の引用・参考文献

i　　沼上幹（2003）『組織戦略の考え方』筑摩書房, p.126参照。
ii　　John P.Kotter. (1996) "Leading Change". Harvard Business School Press（梅津裕良訳『企業変革力』日経BP社, 2002年, pp.42〜49参照）。

第2章：変革プログラムの推進体制をつくる

iii　John P.Kotter.(1996) "Leading Change". Harvard Business School Press（梅津裕良訳『企業変革力』日経BP社, 2002年, p.51参照）.
iv　金井壽宏(2004)『組織変革のビジョン』光文社, pp.152〜153参照.
v　John P.Kotter.(1996) "Leading Change". Harvard Business School Press（梅津裕良訳『企業変革力』日経BP社, 2002年, p.121より引用）.
vi　日本経済新聞社編(2001)『キヤノン高収益復活の秘密』日本経済新聞社, p.204より引用.
vii　藤巻幸夫・川島隆明(2005)『福助再生！』ダイヤモンド社, p.72より引用.
viii　藤巻幸夫・川島隆明(2005)『福助再生！』ダイヤモンド社, pp.77〜78参照.
ix　「変化を受け入れる企業文化を確立　自己満足せず常に改革し続ける」日経ビジネス, 1999.10.4, p.52より引用.
x　「特集／社員も知らない『最前線』松下中村革命『第2幕』」週刊東洋経済, 2004.5.1-8号, p.70参照.
xi　日本経済新聞社編（2001）『キヤノン高収益復活の秘密』日本経済新聞社, p.67参照.
xii　Carlos Ghosn.(2001) "Renaissance".（中川治子訳『ルネッサンス－再生への挑戦』ダイヤモンド社, pp.172〜173参照）
xiii　日本経済新聞社編（2001）『キヤノン高収益復活の秘密』日本経済新聞社, p.67参照.
xiv　Herbert A.Simon.(1976) "ADMINISTRATIVE BEHAVIOR, 3RD EDITION", Free PRESS（松田武彦, 高柳暁, 二村敏子訳『経営行動-経営組織における意思決定プロセスの研究』ダイヤモンド社, 1989年, pp.56〜76, 高巌(1995)『H.A.サイモン研究-認知科学的意思決定論の構築-』文眞堂, pp.26〜27参照.
xv　W.Chan Kim&Renee Mauborgne.(2003) "Tipping Point Leadership". Harvard Business Review（松本直子訳「NY市警の改革者に学ぶティッピング・ポイント・リーダーシップ」『DIAMONDハーバードビジネスレビュー　リーダーシップの心理学』ダイヤモンド社, 2003年12月, p.126参照）.
xvi　例えば、Stephen P. Robbins.(1997) "Essentials of Organizational Behavior, 5th Edition"（髙木晴夫監訳『組織行動のマネジメント』ダイヤモンド社, 1997年）や古川久敬『構造こわし　組織変革の心理学』誠信書房などに詳しい.
xvii　Harvard Business School Press.(2002) "Harvard Business Essentials Managing Change and Transition",（岡村桂訳『ハーバード・ビジネス・エッセンシャルズ[1]変革力』講談社, 2003年, p.95参照）.
xviii　お互いがそれぞれの考えや価値観の違いを受け入れた上で、ともになにか事にあたろうとする状態をアコモデーション（accommodation）という。詳しくは、木嶋恭一（1996）『交渉とアコモデーション』日科技連, p.58参照.
xix　W.Chan Kim&Renee Mauborgne.(2003) "Tipping Point Leadership". Harvard Business Review（松本直子訳「NY市警の改革者に学ぶティッピング・ポイント・リーダーシップ」『DIAMONDハーバードビジネスレビュー　リーダーシップの心理学』ダイヤモンド社, 2003年12月, p.120より引用）.

第3章

変革のベクトルを
合わせる

1　現場を受け身にさせない仕掛けをつくる

　変革は、それを志向するトップと現場がその目的を共有し、目指すべき方向性をすり合わせるところから始まる。変革プログラムの企画サイドと実行する現場の認識にギャップがあっては変革は前に進まない。まずは、相互の認識をすり合わせ、組織の問題点を共有して、ともに変革にあたる態勢を整えることが必要となる。

　往々にして、変革に向けたアクションプランは、現場が深く関与せぬまま経営者や一部の企画スタッフのみで起草され、一方的に現場に下ろされることが多い。しかし、それでは現場に「やらされ感」が残り、現場が真に変革にコミットする状態をつくることができない。すでに述べてきたように、現場が本社の意向をそのまま受け入れるような受け身の体質では変革の実行はおぼつかない。重要なことは、本社が起草した変革プログラムについて、それが本当に現場にとって必要なことなのかどうか、現場に「意思をもって」考えさせ、変革の目的や必要性、方向性について現場の深い納得を得ることなのである。

　そのためには、経営者が変革ビジョンを打ち出し、それを一部の企画スタッフが変革のアクションプランにまとめ、一方的に現場に下ろすのではなく、むしろ現場の人間に、もう一度変革の必要性を問い直させ、そのうえで、トップの掲げるビジョンを実現するために何をなすべきなのか、具体的な課題を探索させることが必要だ。一方的なアクションプランの伝達では変革に対する主体性が現場に生まれない。現場に変革の当事者意識をもたせる仕掛けが不可欠なのである。

現場を主役にする仕掛け－GEの「ワークアウト」

　変革において現場を主役にする仕掛けとして、GEのワークアウトがある。ワークアウトは1989年から全世界のGEグループで導入された社員参画型の課題解決プログラムだ。ワークアウトでは、トップから与えられた解決すべきテーマについて、まず階層や部門を超えて集まった現場のクロスファンクショナルメンバーが検討する。そして、そこで得た問題の解決策を公開討論の場でトップに提示。すぐに議論し、トップは提案の採用・不採用までその場で決める。ワークアウトはボトムアップで現場のリーダーに提言を出させる仕組みで、アメリカのタウンミーティングと日本の生産現場のQC活

動が一緒になったようなイメージのものと考えればいいだろう。
　ワークアウトは、現場の潜在力を信頼し、現場の社員から様々なことを学び、現場から芽生えた変革の芽を大事に育てようとする取り組みであり、多すぎる会議や報告書、過度な承認プロセスといった組織の悪しき官僚的体質を打破する仕掛けでもある。

　現場に変革の必要性をしっかり認識させる。そして、それが腹に落ちたならば、トップが掲げる変革ビジョンを実現するために、自分たちは何をなすべきなのか、ワークアウトのように具体的な課題を探索させ、現場発の提言をまとめさせる。こうして現場に変革の当事者意識が醸成されていく。何回もトップと現場が相互にやり取りを行うことで、トップの想いや変革の意図が現場に伝わる。一方で、現場がそれをどう受けとめたか、現場は何をなすべきだと考えているかといった現場の意思もトップに伝わっていく。
　変革を単なるお題目に帰さず、きちんと現場に実行させていくためにはこうした段階を踏んだ相互作用のアプローチが必要になる。
　本章では、こうした視点に基づき、現場が変革を腹に落とし、変革の実現に向けてなすべき課題を実行段階へと移していくまでの展開について、架空企業のケーススタディを交えながら、具体的なポイントを論じていこう。

● ABCフーズの組織変革プロジェクト ●

シーン1　新社長の着任と変革ビジョンの創出

●業績悪化の原因を外部に求める企業体質

　ABCフーズはレトルト食品、冷凍食品、チルド食品などを扱う業界第4位の加工食品メーカーである。現在の社員数は約1000名。創業80周年を超える大手食品メーカーのABC総合食品の一事業部だった同社が子会社として30年前に独立した。当初は独創的な商品を開発し、市場で独自の存在感をアピールし、90年には2部上場も果たした。
　しかし、最近はヒット商品にも恵まれず、業績の低迷が続いている。業界内での競争が熾烈になる一方で、「食の安全」に対する関心の高まりなど市場環境の

図3-1 本ケースの登場人物たち

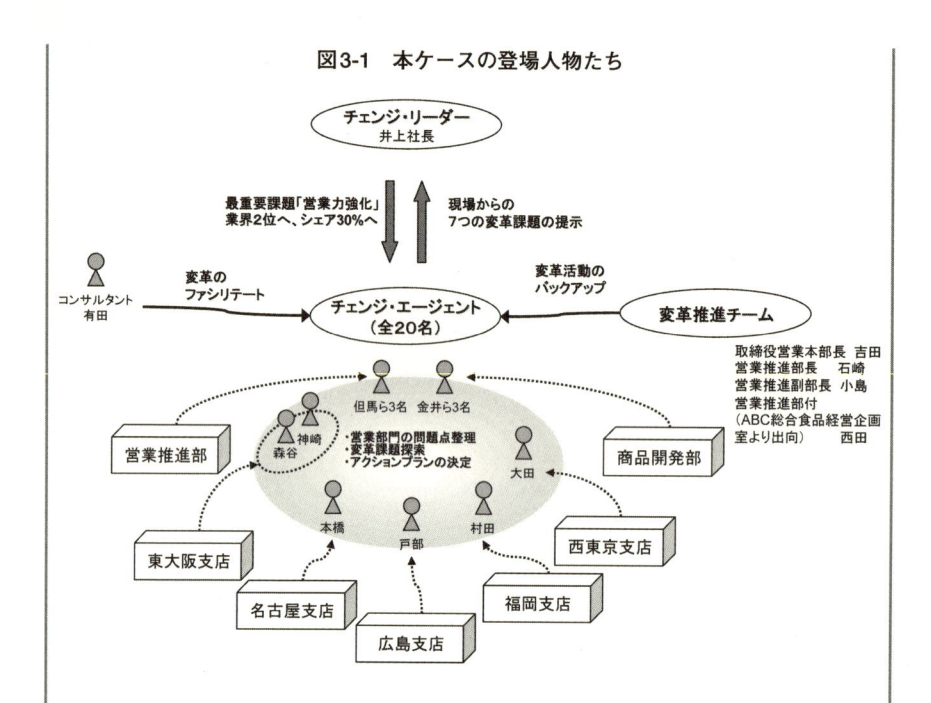

- チェンジ・リーダー：井上社長
- 最重要課題「営業力強化」業界2位へ、シェア30%へ
- 現場からの7つの変革課題の提示
- コンサルタント 有田 → 変革のファシリテート
- チェンジ・エージェント（全20名）
  - 但馬ら3名、金井ら3名、神崎、森谷、本橋、戸部、村田、大田
  - 営業部門の問題点整理・変革課題探索・アクションプランの決定
- 変革推進チーム（変革活動のバックアップ）
  - 取締役営業本部長　吉田
  - 営業推進部長　石崎
  - 営業推進副部長　小島
  - 営業推進部付　西田（ABC総合食品経営企画室より出向）
- 関連部署：営業推進部、東大阪支店、名古屋支店、広島支店、福岡支店、西東京支店、商品開発部

変化に十分に対応していないことが原因だ。

同社の体質にも問題がある。社風はおっとり型で、業績が悪化しても原因を外部や環境ばかりに求める傾向があり、トップをはじめ会社全体に危機感がない。上場していることでかえって甘えの構造を生んでいるのかもしれない。実際、経営陣はこれまで率先してリーダーシップをとろうとせず、抜本的な経営改革を行ってこなかった。その結果、シェアは下降。昨年度の決算では10億円もの赤字を計上し、業界4位から転落するのも時間の問題となっていた。

危機感を抱いたのは親会社のABC総合食品である。北米事業部長であった45歳の井上をニューヨークから呼び戻して、4月1日付けでABCフーズの社長就任を命じた。若くて海外経験も豊富、やり手の井上にABCフーズの将来を託したのである。

● 「今回もどうせ掛け声だけ」と若手社長の就任にも冷ややか

就任早々、井上が取り組んだのは組織の現状把握であった。経営企画部と営

業推進部に現場ヒアリングを指示し、3ヵ月かけて徹底してABCフーズの抱える問題点、今後の改革課題を探ったのである。そこから、まず同社の企業風土、社員たちのモチベーションやマインドに大きな問題があることがわかった。

　これまでもABCフーズの経営トップにはABC総合食品の人間が就任してきた。同社の社長ポストはいうなれば、すごろくでいう"あがり"。このため、歴代の経営者たちは、つつがなく社長職を勤め上げることばかりを考え、大胆なチャレンジをしたり、経営改革や業務革新にエネルギーを注いだりすることはなかった。それが改革や革新に消極的で、反応の鈍い企業風土を生むことにもつながっていた。

　歴代の経営者たちが全く何もしなかったわけではない。たとえば、前社長もオペレーション業務の効率化やコストダウンを目的に、ERPによる業務改革プロジェクトを立ち上げた。しかし、会社を挙げて本気で取り組もうという気概に欠け、結局現状はうまく機能していない。そんな背景もあり、井上の社長就任についても、「今度は何をやる気だ？」「何をやろうが、今回もどうせ掛け声だけだ」と冷ややかな見方をする役員や社員が少なからずいた。

● 「改革案は現場からあげてもらう」

　「お手並み拝見」といった雰囲気のなかで、現場ヒアリングからつかんだ実態を元に、営業、商品開発、生産、物流、業務プロセスという5つの領域からそれぞれ変革テーマを打ち出し、これを「ABCレボリューション」と名づけて新たなミッションとした。そして、経営会議の場で次のように告げた。

　「5つの変革テーマについては、現場主導で集中的な議論を行い、現場から経営陣に改革案を挙げてもらう。今、わが社が抱えている問題の本質をもっともよく理解し、把握しているのは他ならぬ現場の社員たちだ。そこから具体的な改革案を吸い上げることで、現状を変える強力なアクションプランが生まれてくると私は考えている」。

　トップダウンの経営改革では、真の改革につながらない。重要なのは、現場の第一線で働く社員たちの声からプランをつくり上げていくことだ。そんな思いが井上に強くあった。

　井上は続けて、今回の組織変革を進めていくために、コンサルティング会社に

協力を依頼すること、社内に組織変革プロジェクトのためのチームを設置すること、5つの変革テーマのうち、まず最重要課題と考えている「営業力強化」プロジェクトからスタートさせることを伝えた。

ABCフーズは、ここ数年、新商品の開発が後手に回り、強力な商品を市場に投入できないでいた。多くの社員やほとんどの役員はこれを業績低迷の最大の原因と考えていた。しかし、井上はヒアリングによって、「確かに商品開発にも課題はあるが、旧態依然としたスタイルから脱せない営業部門にこそ、競争優位を保てずシェアを落としている原因がある」と読んでいた。

そして、営業力強化について「顧客志向を第一にした営業展開で、業界2位への浮上を目指す」という変革ビジョンを提示。ビジョン実現に向け、以下の3点を告げた。

① 「どのような営業変革を実行すればよいか」をテーマに現場で論議し、改革プランを提出させる。
② 提出された改革プランに関しては、経営陣がその場で採否の決定をする。
③ 現場で実行しうるものと本社レベルで実行すべきものとに分け、現場で実行できるものについてはプランを検討した現場チームが実行まで担う。

● **社長自ら面接し、総勢20人のチェンジ・エージェントを選抜**

営業力強化プロジェクトのスタートにあたり、プロジェクト推進の主幹部署となったのは営業推進部である。その役目は「変革推進チーム」として、トップの意向を踏まえ、現場の変革実行部隊であるチェンジ・エージェント（CA）たちの変革活動をバックアップすることにある。

事務局長には、かつてトップクラスの営業担当者としてならし、日ごろから営業の構造改革を訴えていた石崎営業推進部長が就任した。そして、営業担当者、営業マネジャーとして大きな実績を残した副部長の小島と、井上が連れてきたABC総合食品経営企画室より出向の西田（営業推進部付）がこれをサポートし、取締役営業本部長の吉田をアドバイザーに据える形とした。

チェンジ・エージェントについては、井上自らが変革推進チームのメンバーとともに一人ひとり面談まで行って選抜した。まず、トップレベルの業績をキープしている支店を中心に7つの支社からそれぞれ2人ずつ、女性2人を含む合計14

人のメンバーを決定。さらに、多様な視点から議論できるように、営業推進部と商品開発部からそれぞれ3人を選び、総勢20人の体制を整えた。

選ばれたプロジェクトメンバーを前にした決起懇親会において、井上はABCフーズの抱える問題状況と、これからの同社が進むべき方向性を、フレームワークを使いながらわかりやすく説明し、先の変革ビジョンを提示した。さらにこのプロジェクトに寄せる自身の期待を込め、変革への想いを熱く語った。

「現在のわが社に必要なのは、現場の皆さんの力です。だからこそ、忙しい中、こうして集まってもらいました。変革ビジョンの実現は決して簡単なものではありませんが、それができなければ、ABCフーズに未来はありません。皆さんには、ビジョンを実現するためには何をなすべきか、現場の視点で考え、具体的な変革課題を提言してもらいます。真の問題解決に向けた方策を打ち出せるのは、その問題に一番近いところにいる皆さんしかいないのです。変革はトップダウンでは成功しません。あなたたち現場からのボトムアップの動きと融合させてこそ成功するのです。ぜひとも私の変革ビジョンを組織全体に浸透させる伝道師になってください」。

●多くのチェンジ・エージェントは「やらされ感」を抱いていた

井上のメッセージは、集まったメンバーの胸に様々な思いを呼び起こした。

「確かにそのとおりだ。現場が動かなければ真の改革はありえない」と共感する者がいる一方で、「いうことはもっともだが、実際は口先ばかりで、これまでのトップたちと変わりはないさ」と反感を抱いた者、「そんなことが本当に実現できるのか」と半信半疑の者もいた。ただ、多くのメンバーに共通していたのは「面倒なことに巻き込まれてしまった」という負の感情である。

そもそも、これまでのABCフーズには現場の声を活かすという体質がなかった。方針のすべては一握りのトップたちで決められ、それがトップダウンで下りてくるだけ。現場からあがった要望も、その大半はまともに取り入れられたことがなく、社内には「上に何を言ってもムダだ」という思いが満ち溢れていた。それゆえ今回のプロジェクトに関しても、不信を抱く者が多かったのである。

プロジェクトメンバーに指名された14人の営業担当者は、日常の営業活動と

変革プロジェクトとを並行して進めなければならない。「冗談じゃない。営業推進部はいつも仕事のジャマになるようなことばかりさせる。これで数字が落ちたら、どう責任をとってくれるんだ」。

彼らはABCフーズの営業を支えるハイパフォーマーだけに、苦々しく感じている者も多かった。

彼らを送り出した上司も同様だ。正式に了解はしたものの、社長直々の指名だから仕方なくと考えている者が多い。参加する部下を呼んで、「プロジェクトもいいが、数字だけは落とすなよ」とわざわざ釘を刺したケースもあった。

こうした反発の背景には、前年に営業推進部が音頭をとって導入したSFA（Sales Force Automation）がなかなか普及せず、思うような成果を上げていないという事情もある。

もともとABCフーズには、個々の営業担当者たちの案件の進捗状況が現場でまったく把握できていないという問題があった。そこで昨年、営業プロセスの管理と効率アップを目指し、営業担当者1人に1台のノートパソコンとPHSカードが配られ、SFAが導入されることになった。

しかし「データを入力しても、上司からのフィードバックが何もない」という不満が発生したり、「いちいち現場で細かな活動内容の入力なんかしていられるか」と考えたりする者が多数いて、SFAの活用実態はいまひとつである。現場の偽らざる本音には、「SFAなどムダだ。これ以上営業活動や自分の業績に差し障りが出るようなものはやりたくない」「営業は売り上げてナンボの世界。要は結果がすべてだ。プロセスを管理して何になる。管理によって自分たちの営業活動を縛られるのはまっぴらだし、士気も下がる」との思いがある。

今回の営業力強化プロジェクトへの参加についても、SFAの導入と同様、「やらされ感」のほうが強かったようだ。「またか……」。これがスタート当初の彼らの心のつぶやきだったのである。

2 トップと現場が変革への想いを共有する

　変革を掲げるトップとその実行を担う現場の"変革への想い"がまったく異なるレベルにあると、変革への第一歩はなかなかうまく踏み出せない。したがって、変革は、まずトップが提示する問題意識や変革ビジョン、変革にかける熱意を現場が理解し、ともに変革に当たろうとする「ベクトル合わせ」を行うところからスタートする。

　しかし、このケースのように、トップがいくら変革への決意を伝えても、メッセージを受け取る社員がトップと同じ想いをもっているとは限らない。むしろ、変革に冷ややかな反応を示すことのほうが多いだろう。変革の決意表明は現場の社員にとっては唐突に聞こえがちなものなのだ。

　では、変革ビジョンやその必要性、具体的な変革テーマを現場に理解してもらうためにどのような点に留意すべきなのだろうか。以下、3つのポイントから考えていくことにしよう。

　① 対話の「場」をつくる
　② 事実情報を伝える
　③ 価値情報を伝える

（1）対話の「場」をつくる

現場の社員との自由な意見交換

　トップの変革ビジョンやその必要性、具体的な変革テーマを現場に理解してもらうための最初のポイントは、トップと現場が対話をする場をつくり、変革に対する相互の認識をすり合わせることである。

　同じ組織に属しているとはいえ、トップマネジメントと現場とでは組織の問題状況に対する認識に大きな違いがある。仮にトップが組織の現状を憂い、このままでは当社はダメになるという強い危機意識を抱いていたとしても、現場の社員がトップと同じような危機感をもっているとは限らず、日常の行動がほとんど変わらないことも多い。逆に、日々新しい問題に直面している現場が抱いている問題認識のほうが、トップの抱

いているそれに比べ、本質を突いている場合もあろう。いずれにしても、経営者の考える問題認識と現場のそれとには程度の差こそあれ必ずズレがある。

この認識のズレはどこからくるのか。一般的にトップは、外部環境や内部環境を大局的に捉え、自社の進むべきビジョンを構築し、事業全体を合理的に設計しようとする。一方、現場では、会社全体の視点というよりはむしろ、個々の部門の視点から、自部門が与えられた目標を達成するためにはどのように仕事を進めればいいか、現実に目の前にある問題をどのように改善して、収益を上げていけばいいかなどを模索しがちである。組織に対する問題認識の違いは、こうした"立場や視点の差"から生じることが多い。

トップとチェンジ・エージェントが単に同じ「場」を共有するだけでは、こうした問題認識のギャップを解消することはできない。このケースのように、トップが一方的な話をするのではなく、現場社員との積極的な対話の場をつくるべきである。単に変革のメッセージを発するだけにとどまらず、現場の社員との自由な意見交換を通してこそ、トップの想いが現場社員の心に揺さぶりをかける可能性が高まるのだ。

社員は変革ビジョンをどう受け止めたか、変革ビジョンは現場を奮起させるに足るものだったのか、現場では今何が起き、何が問題とされているのか。トップは現場の社員からの厳しいフィードバックを覚悟して対話の場に臨まなければならない。

アコモデーション状態をつくる

変革プログラムを進める際には、こうした対話の場をつくり、トップと現場がそれぞれの立場や視点の違いを認めながら、「まぁこの線でやってみようか」というアコモデーション（Accommodation）状態をつくることが大切だ。

アコモデーションという言葉は、やや耳慣れないかもしれない。原義的には「同居」といった意味があるが、いわば組織のなかに様々な価値観が存在することを尊重しながら、それを受け容れたうえで、「ともに何か事を起こせるような状態」になっていることを意味する。異なる価値前提をもつ個人が複雑に関係しあう組織においては、100％の合意を達成することは難しい。そこで、変革プログラムに関わる当事者全員が完全に納得することを目指すのではなく、「細かな意見の違いはあるけど、まあこの線でやってみようか」というレベルの、いわば「80％程度の合意状態（折り合い状態）」を作ることがアコモデーションのイメージだ。変革はトップと現場が、このアコモデー

「場」をともにする意味

　トップと現場がともに変革にあたろうとする状態をつくるためには、両者が同じ「場」を共有することが求められると述べたが、この「場」という言葉は何気ない言葉のようで実は奥が深い。

　一橋大学教授の野中郁次郎氏は、この「場」という概念を「共有された文脈(Shared Context in Motion)」と表現した。「場」とはいわば、ある「テーマ」のもとに人々(「メンバー」)が参加し、そこで相互にコミュニケーションを行い(「相互作用」)、共通の経験をすることで、それぞれの人が所有している「文脈」(脈絡、ある事柄の背景・周辺の状況)が一定の範囲内で共有されていく時間や空間のことと考えることができる。[i]

　紹介したGEのワークアウトも「場」の一種である。ワークアウトでは、トップが設定したテーマ(組織的に解決すべき問題)について、現場に近いところで招集された部門横断的なメンバーが、解決策の立案に向けて集中討議(相互作用)し、何らかの提言を行う。そして、それに対して組織の上層部がスピーディに意思決定する。つまり、現場が組織を変えていくというボトムアップの組織風土(文脈)を醸成するというものだ。

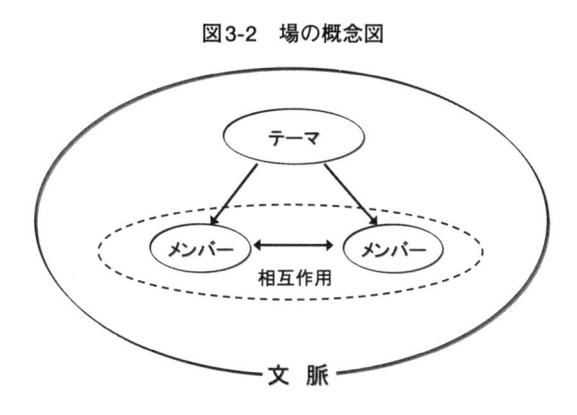

図3-2　場の概念図

出典：寺本義也(2002)「ビジネスにおける知のコミュニティの創造と活用」『(非売品)SANNO HRM FORUM 知のコミュニティを経営に活かすワークプレイス・チェンジコンソーシアム講演録集』学校法人産業能率大学, p.19

ほかにも、仕事の場を離れ、社内での立場や身分の違いをもち込まずに、組織の様々な問題に関して腹を割って話し合う「オフサイトミーティング」や、製品開発において、わいわいがやがやとした、ノリのいい、歯に衣着せぬ議論を行う本田技研工業の「ワイガヤ」なども「場」の形態の1つといえよう。

こうした「場」が成立するためには場の"テーマ"、場に集う"メンバー"、メンバー間の"相互作用"、そして"文脈"の4つの要素が必要になる。この要素のいずれが欠けても「場」は成立しない。冒頭のケースでは、キックオフでトップとチェンジ・エージェントが同じ「場」を共有しているが、単に集まってトップのビジョンを一方的に聞くだけだったり、書面に書かれた情報を見るだけではあまり意味がない。相互作用の結果、両者の間に変革の文脈が共有されることこそが重要なのである。

こうした「場」の共有は、フェイス・トゥ・フェイスのコミュニケーションを通して、参加者がそれぞれの価値前提を理解し合うことができるという点で大きなメリットがある。

「場」では、あるテーマのもとで、その場にいる人間同士が議論を通じた相互作用を行い、一定の文脈(コンテクスト)を創り上げ、それを共有する。

なぜ今、変革をしなければならないのかといった変革の必要性やトップの変革にかける熱意、あるいは取り組もうとしている変革が会社の経営にどのように役立ち、今の仕事とどのように結びつくのかといった、"変革の文脈(コンテクスト)"をトップと現場が共有するためには、トップとチェンジ・エージェントが物理的空間(「場」)を共有し、それぞれの考えや思いを議論によってすり合わせ、折り合いをつけていくことが必要なのである。このプロセスを経て、変革を志すトップにとっての本当の"分身"ができあがることになる。

(2)「事実情報」を伝える

客観的なデータを示す

変革の目的や必要性を現場に理解・納得させるために、トップが現場に伝えなければいけない情報には「事実情報」と「価値情報」という2つの種類がある。

ここでいう「事実情報」とは、自分たちの会社が市場のなかでどのようなポジションにいるのか、会社はどのような競争環境に直面しているのか、そしてどのような問題

を抱え、どのように対応しようとしているのか、などについて客観的なデータで示したものである。変革の理由や目的を、こうした客観的な事実を提示しながら話すことで、変革が単なる気まぐれや思いつきではないことが理解され、変革に対する現場の共感は促進される。

会社を取り巻く環境状況など、変革に関連する様々な事実情報を提示する際には、経営戦略の策定過程で用いられる分析のフレームワークを活用するとわかりやすい。たとえばマイケル・E. ポーター氏の考案した、業界構造と自社を取り巻く多種多様な脅威を分析する「ファイブ・フォース分析」や企業の強み（Strength）、弱み（Weakness）、機会（Opportunity）、脅威（Threat）を総合的に分析する「SWOT分析」、そして、顧客（Customer）、競合（Competitor）、自社（Company）の3つのCから効果的な戦略を策定する「3C分析」などがある。

こうしたフレームワークを使い、自分たちの会社がどのような競争環境に直面しているのか、どのような状況に置かれているのかを明らかにすることで、変革の方向性やその理由を理解させることができる。

図3-3　環境分析手法を活用した事実情報の提供例（ABCフーズの場合）

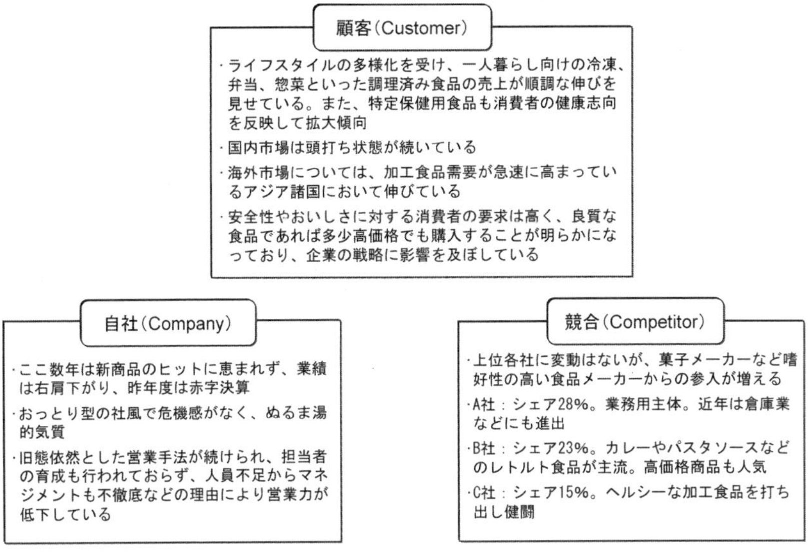

顧客（Customer）
- ライフスタイルの多様化を受け、一人暮らし向けの冷凍、弁当、惣菜といった調理済み食品の売上が順調な伸びを見せている。また、特定保健用食品も消費者の健康志向を反映して拡大傾向
- 国内市場は頭打ち状態が続いている
- 海外市場については、加工食品需要が急速に高まっているアジア諸国において伸びている
- 安全性やおいしさに対する消費者の要求は高く、良質な食品であれば多少高価格でも購入することが明らかになっており、企業の戦略に影響を及ぼしている

自社（Company）
- ここ数年は新商品のヒットに恵まれず、業績は右肩下がり、昨年度は赤字決算
- おっとり型の社風で危機感がなく、ぬるま湯的気質
- 旧態依然とした営業手法が続けられ、担当者の育成も行われておらず、人員不足からマネジメントも不徹底などの理由により営業力が低下している

競合（Competitor）
- 上位各社に変動はないが、菓子メーカーなど嗜好性の高い食品メーカーからの参入が増える
- A社：シェア28%。業務用主体。近年は倉庫業などにも進出
- B社：シェア23%。カレーやパスタソースなどのレトルト食品が主流。高価格商品も人気
- C社：シェア15%。ヘルシーな加工食品を打ち出し健闘

「組織診断」を活用する

　事実情報の提供の方法には、こうした現状分析ツールを用いた方法のほかに、組織内部の現状を客観的に把握するツールである「組織診断」(Organizational Survey) を活用するやり方もある。これは、組織をいくつかの観点から客観的に測定することによって、組織の現状を明らかにしようとするものである。組織の状況を定量的に把握することができるため、異なる現状認識をすり合わせる際の有効なガイドとなる。

　組織診断は、組織の状況を、科学性をもったツールで定量的に示すため、診断結果を1つの事実として捉えることができる。さらに、組織の現状が明らかになることで、トップが打ち出したビジョンを実現していくための組織的な"手の打ちどころ"を把握することにもつながる。

　こうした組織診断の結果から組織の現状を明らかにすることで、自分たちの会社がなぜ今、変革に取り組まなければならないのかという、変革の意味を抽出することも可能になる。

「組織診断」の有効性

　(学)産業能率大学総合研究所では組織を表した氷山モデル(第1章図1-3参照)のうち、もっとも見えにくく、変わりにくいソフトの部分を客観的に測定する組織診断ツールを開発し、コンサルティングに活用している。診断の詳細は終章に紹介するが、組織診断を実施することの有効性は次の3つの観点から説明できる。

　1つは組織のソフトにも変革の目を向けさせることだ。

　第1章でも述べたとおり、組織を変革しようとする場合、ともすると組織の構造や諸制度の見直し、新たな仕組みの構築などのハード面の変革に目を奪われがちである。しかし、一橋大学教授の沼上幹氏が「最終的に問題を解決するのは常にヒトであって、組織構造それ自体ではない」[ii]と指摘しているように、組織構造が組織の問題すべてを解決するのではない。組織診断はそうした状況のなかで組織のソフトの部分に目を向けさせ、その変革の重要性を認識させるツールとして有効に機能する。

　2つ目は組織内部の人間には見えにくい部分について、組織の現状をきちんと把握できることである。

　日産自動車社長のカルロス・ゴーン氏は日産リバイバルプラン(NRP)の本質は意識革命であるとして、日産復活の根底には、従業員の思考様式(マインドセット)の変化

があると述べている。そして、自身がアウトサイダーであるがゆえに、内部の人間が意識していない慣習やしきたりなどに惑わされることなく、冷静に物事を見つめ、変革を進めることができたのだという。[iii]

　組織診断で組織のソフトを測定し、その結果を定量的に示すことで、トップマネジメントを含む組織内部のメンバーが必ずしも意識していない組織の現実の姿を知ることが可能になる。つまり、アウトサイダーでなくとも、組織の実態を客観的に把握・共有することによって、組織の現状を冷静に見つめながら、変革に立ち向かうことができるようになるのである。

　そして、3つ目は、人間の認知能力の限界を補うことである。

　トップといえども組織の隅から隅まで知り尽くしているわけではない。変革を浸透させるために各部門から選抜されたチェンジ・エージェントはなおさらである。自分の関連領域はともかく、それ以外のところについては組織の実態を把握できていないことが多い。

　ノーベル経済学賞を受賞したハーバート・A. サイモン氏は人間の認知能力には限界があることを指摘し、「限定された合理性」という概念を生み出した。人間は意思決定にあたって、すべての代替策を知り、その結果を予測し、比較することはできない。そこで、限られた選択肢の中から満足のいく選択をしたり、組織をつくって分業することで限界に対処しようとしたりするという考え方である。[iv]

　これに従えば、トップやチェンジ・エージェントもそれぞれの立場で知りえる情報をもとに意思決定を行うことになる。それだけに、できる限りたくさんの情報をもつことが望ましい。認知能力の限界を補うことで、代替案の範囲を広げることができるからだ。その意味で、組織診断は、経営者やチェンジ・エージェントが自らの認知限界によって知りえない自社の組織に関する様々な情報を提供することができるのである。

(3)「価値情報」を伝える

「熱い想い」が事実情報の限界を克服する

　トップが現場に伝えるべき2つ目の情報は「価値情報」である。価値情報とは、人

間の想いや感情に関する情報のこと。トップが変革に際し、どのような想いをもっているのか、どれくらい強い覚悟をもっているのか。それがまさに価値情報だ。

組織診断などで得られる事実情報は、組織の問題状況を体系的・論理的に整理し、情報の受け手を説得するのには確かに効果的だ。しかし、人間にはロジックや理屈、事実だけでは割り切れないところがある。事実のみの情報では、必ずしも情報を受け取る者の深い納得や当事者意識までを引き出すことはできない。そこで事実情報の限界を克服するために価値情報の共有が必要になってくる。

認識の差異を認めるところから始まる

価値情報は、個々人がもっている「価値前提」によって生み出される。価値前提とは、個人がもっている「善きもの、望ましいもの、実現してほしいもの、期待するもの」であり、その個人に内在された理想的価値あるいはその本人にとっての絶対的価値である。

当然、組織に対して抱いている問題認識も人によってまったく違う。また、同じ状況に直面しても、それぞれの立場や物の見方、価値観などによってその捉え方は異なる。

例を挙げてみよう。営業部門の力が強い組織があったとする。営業部門の責任者は、「営業部門の力が強いことは市場の動きや顧客の声が組織に反映されやすいという点で、顧客志向の向上につながっている」と考える。一方、開発部門の責任者は「営業が強いがゆえに、一時的な市場の動きや断片的な顧客の声が増幅されて社内にフィードバックされ、その結果、開発部門は場当たり的で近視眼的な開発にばかり忙殺され、本来の中長期的な開発活動に力を注げていない」と認識している。

これらは必ずしもどちらかが真実というわけではない。物事にはいくつかの側面があり、それぞれの立場や価値観などによって異なる見え方をするに過ぎないということである。

この点を踏まえ、変革ビジョンに向けて変革推進の関係者を一枚岩に束ねていくときには、関係者個々が組織の問題状況をどう認識し、トップが掲げる変革ビジョンについてどのような解釈をしているのかといった、それぞれの"主観的な認識"を全員が明らかにし、お互いの"差異を認める"ところから始めることが必要だ。

第3章：変革のベクトルを合わせる

> **シーン2** 変革ビジョンの具現化に向けたワークショップの実施①

● **ワークショップがスタート**

　決起懇親会から1ヵ月が経ち、営業力強化プロジェクトのワークショップが実施されることになった。目的は「トップの掲げた変革ビジョンを実現させるために、当社が取り組むべき課題は何か」を探索し、変革のグランドデザインを描くことにある。開始にあたって、変革推進チームの事務局長を務める石崎営業推進部長が挨拶に立ち、続いて今回のワークショップのファシリテーターであるコンサルタントの有田が自己紹介を行った。

　この会合に先立ち、事前にABCフーズの組織診断を実施。定量的データから、同社は「顧客志向」「利益志向」などの面で難があり、営業面でいえば一匹狼型の営業スタイルが多く、チームでの問題解決や戦略的視点に立った営業展開が弱いといった特性が現れていた。有田は、自分なりの環境分析を交えながら診断結果を解説しつつ、「このままでは競争に勝ち残れず、市場から淘汰されてしまう」と、参加者に危機感をもつよう訴え、次のように続けた。

　「今回のワークショップは、井上社長の掲げた変革ビジョンの実現に向け、具体的にどのようなことに取り組む必要があるかを、現場で実務に携わる皆さんに、それぞれの立場から提示してもらうことが目的です。そのようなことは本社のスタッフがやればいいのではないかとお考えの方もいるかもしれません。しかし、一部のスタッフ部門が起草した変革プランは、しょせん現場の共感を得られず、尻すぼみに終わるのが関の山です」。

　有田の言葉は続く。「現場だからこそわかる問題点を抽出し、現場発の変革プランを提言することが今回のプロジェクトの目的の1つです。現場からの提言であれば、変革のためのプランは、より高い納得と理解を得て全社へと浸透していくでしょう。現場を変革するには、現場自らが声を上げることが一番です。ぜひ実のあるプランをトップに提言し、会社を変えていきましょう」。

● **まずはリッチピクチャーを使い、問題状況を共有する**

　20名のプロジェクトメンバーはミーティングに参加するにあたり、各自で「リッチピクチャー」(＊本文で詳述)を作成し、この場に持参していた。リッチピクチ

図3-4　リッチピクチャーの違い

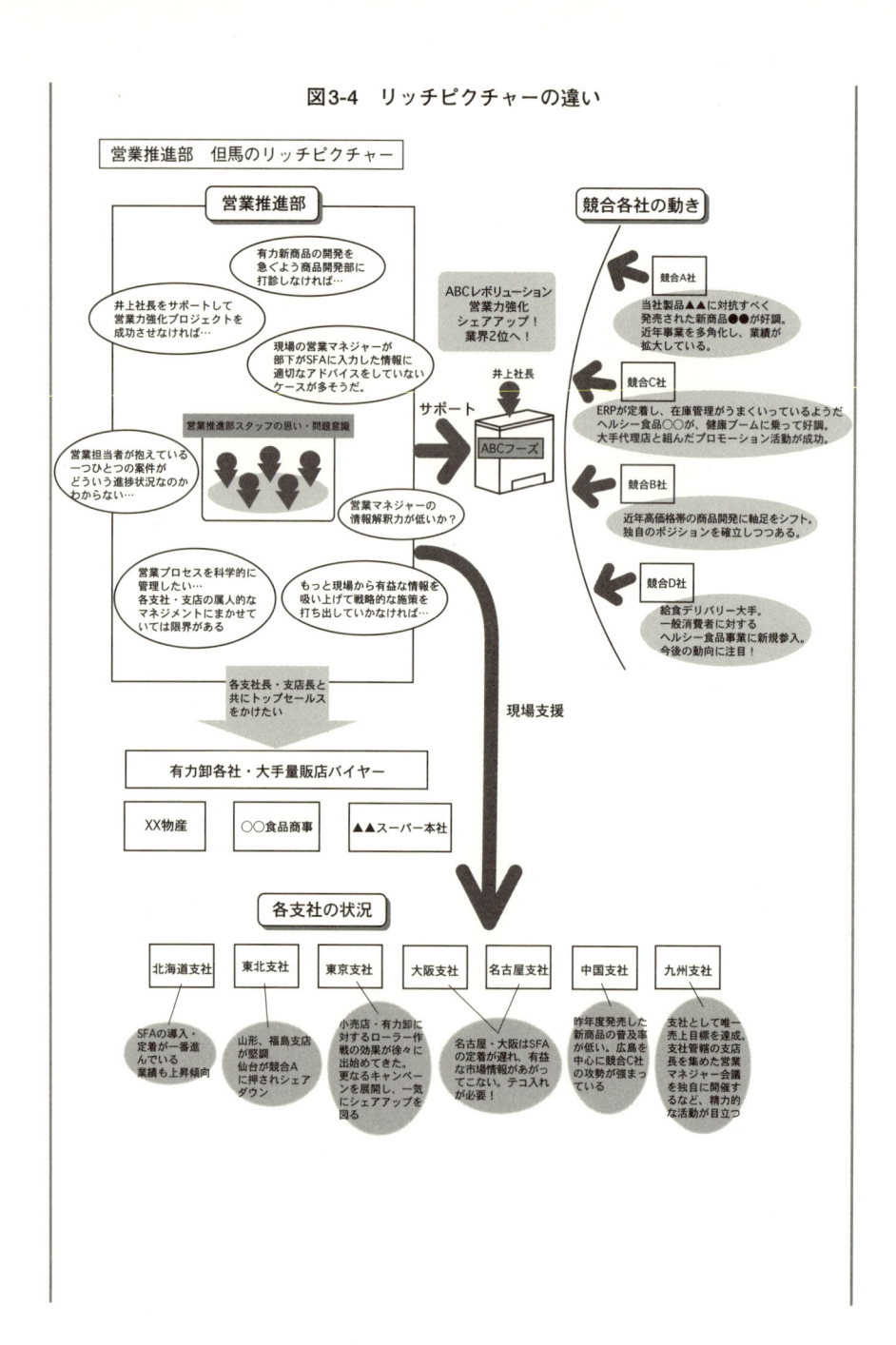

営業推進部　但馬のリッチピクチャー

営業推進部

- 有力新商品の開発を急ぐよう商品開発部に打診しなければ…
- 井上社長をサポートして営業力強化プロジェクトを成功させなければ…
- 現場の営業マネジャーが部下がSFAに入力した情報に適切なアドバイスをしていないケースが多そうだ。

営業推進部スタッフの思い・問題意識

- 営業担当者が抱えている一つひとつの案件がどういう進捗状況なのかわからない…
- 営業プロセスを科学的に管理したい！各支社・支店の属人的なマネジメントにまかせていては限界がある
- 営業マネジャーの情報解釈力が低いか？
- もっと現場から有益な情報を吸い上げて戦略的な施策を打ち出していかなければ…

ABCレボリューション　営業力強化　シェアアップ！　業界2位へ！

井上社長　サポート　ABCフーズ　現場支援

競合各社の動き

競合A社
当社製品▲▲に対抗すべく発売された新商品●●が好調。近年事業を多角化し、業績が拡大している。

競合C社
ERPが定着し、在庫管理がうまくいっているようだ。ヘルシー食品○○が、健康ブームに乗って好調。大手代理店と組んだプロモーション活動が成功。

競合B社
近年高価格帯の商品開発に軸足をシフト。独自のポジションを確立しつつある。

競合D社
給食デリバリー大手。一般消費者に対するヘルシー食品事業に新規参入。今後の動向に注目！

各社社長・支店長と共にトップセールスをかけたい

有力卸各社・大手量販店バイヤー
- XX物産
- ○○食品商事
- ▲▲スーパー本社

各支社の状況

北海道支社　SFAの導入・定着が一番進んでいる。業績も上昇傾向

東北支社　山形、福島支店が堅調。仙台が競合Aに押されてシェアダウン

東京支社　小売店・有力卸に対するローラー作戦の効果が徐々に出始めてきた。更なるキャンペーンを展開し、一気にシェアアップを図る

大阪支社　名古屋・大阪はSFAの定着が遅れ、有益な市場情報があがってこない。テコ入れが必要！

名古屋支社　名古屋・大阪はSFAの定着が遅れ、有益な市場情報があがってこない。テコ入れが必要！

中国支社　昨年度発売した新商品の普及率が低い。広島を中心に競合C社の攻勢が強まっている

九州支社　支社として唯一売上目標を達成。支社管轄の支店長を集めた営業マネジャー会議を独自に開催するなど、精力的な活動が目立つ

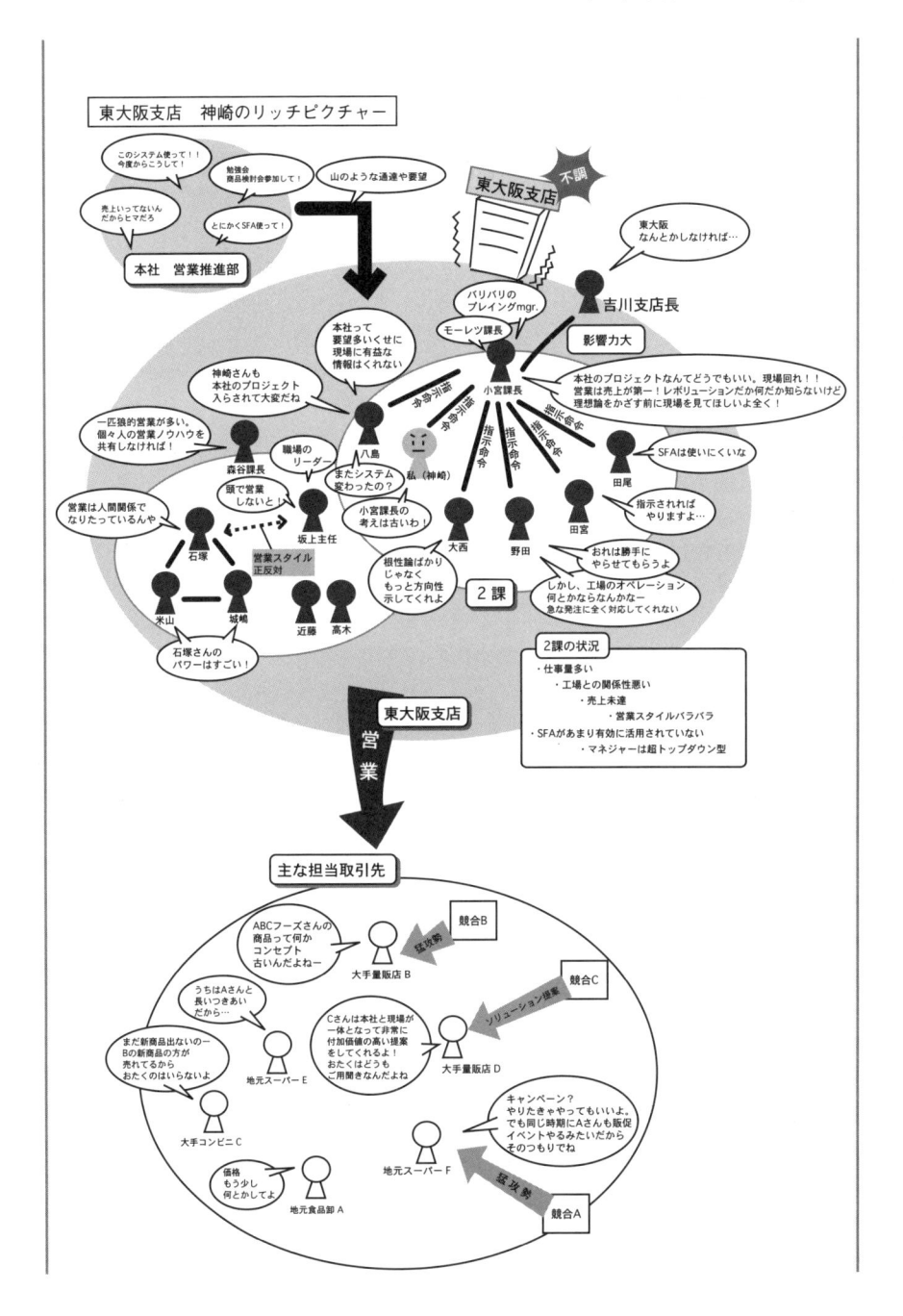

第3章：変革のベクトルを合わせる

ャーとは、問題と思われる状況を絵や図表、文章、数字などで主観的に表現したものであり、その問題に関係する当事者がどのようにその問題状況を認識しているかが端的にわかるツールである。

　有田の指導のもと、彼らは各自で作成してきたリッチピクチャーを発表し、組織の問題状況を共有する作業に入った。

　今回のプロジェクトメンバーは全国各地から集められたため、同じ営業部門とはいえ、エリア環境や特性、営業のやり方は異なっており、組織の問題状況を捉える視点や認識もバラバラである。井上が語った変革ビジョンについても、それをどう受け止めたかは個々で大いに異なっている。発表されたリッチピクチャーはこれらの違いを見事に反映していた。

　一方、商品トレンドや消費者ニーズ、業界情報などに対して日ごろから敏感な本社営業推進部の3人が作成したリッチピクチャーは、経営側の視点に立ち、高度で分析的だ。しかし、反面、自分たちの存在はどこにもなく、全体的に評論家的な内容となっていた。

　これに対して、営業各支店のメンバーが作成したリッチピクチャーの多くは、熾烈なシェア争奪戦や価格競争にさらされ、競合他社の戦略に四苦八苦している様子、本社営業推進部や商品開発部への不満や疑問、さらには市場での勢いをなくしているなかで井上の唱えるビジョンの達成は無理だと感じている様子などが描かれ、現場ならではの実感がこもったものになっていた。

　そんな全員のリッチピクチャーのコピーを参加者に配る一方で、1枚ずつPCプロジェクターで映し出していき、それをもとに各人の捉える問題状況を全員で共有し、互いの認識を合わせるところからワークショップはスタートした。

●少しずつ建設的で有意義な議論になっていった
　3枚目のリッチピクチャーが映し出されたときだ。「ちょっといいですか」と、西東京支店の大田が手を挙げた。
　「営業の問題を論じる前に、開発のほうを強化するべきではないでしょうか。うちの支店は売り上げが落ちているわけじゃありません。いい商品を出してくれさえすれば、もっと売り上げは上げられます。問題は営業ではなく、商品開発に

あると思うのですが」。

　名古屋支店の本橋、広島支店の戸部もこれに続いた。「営業は頑張っている。いい商品を出せば、利益だってもっと出るはずだ」「最近の新商品を見ると、商品開発のほうで勝手に作っているとしか思えない。顧客と直接やり取りしている俺たち営業の意見も聞かないで、勘だけで商品を作っても売れるわけがない」という。これに対して、商品開発部所属の金井は「勘で商品を作ってなんかいない。きちんとリサーチして商品を開発しています。営業さんに話を聞いても、ろくな情報が上がってこないから聞かないだけです」と強く反発した。

　こうした対立は当初から予想されたこと。しかし、この3人のやり取りのなかにも、会社として改善すべき問題点が隠されている。すかさず有田は「今日はお互いの認識の違いを共有するために集まっているんですから、建設的に話し合いませんか」と間に入り、一呼吸おいて「営業と商品開発との連携の悪さが問題点として指摘されたようです。この点について、他の皆さんはどのようにお感じですか」と問いかけた。

　有田の問いかけに、福岡支店の村田が答えた。

　「当社の商品には、消費者のニーズがあまり反映されているようには感じません。これは営業である私たちがお客さまのニーズをきちんとつかみきれていないことに問題があると思います。同時に、ニーズを開発のほうにフィードバックするシステムが確立されていないことも問題です。そのため"お客さまのための商品"というスタンスから十分な提案ができなくて、結果につながっていかないと思うんです」。

●**全員が組織に対する問題意識を深めることができた**

　プロジェクトメンバーが作成したリッチピクチャーには1枚として同じものはない。"同じ組織の人間なのに、問題状況の捉え方が随分と違うものだなあ"。これが参加者共通の感想であった。

　その1枚1枚を検討し、意見を交わすなかで、彼らはABCフーズ営業部門の強みと弱み、競合と比べての自社の強みと弱み、市場環境と消費者ニーズの変

化、自分たちに欠けていた部分などを、薄皮をはがすように理解し、問題認識を深めていった。

　なかには、「ただでさえ営業活動が大変なのに、その忙しい合い間を縫って、こんなワークショップに参加しなければいけないなんて…」「井上社長の言うビジョンは非現実的だ。実現できるわけがない」といったネガティブな思いを抱えたまま、この場に参加した者も少なくない。

　だが、リッチピクチャーを介して本音で議論し合ううちに、ほぼ全員「井上社長が、なぜあのようなビジョンを提示したのか」を次第に納得していったのである。

　気がつけば、夜も相当な時間を回っている。この日の話し合いをまとめるかのように、東大阪支店の神崎がぽつりとつぶやいた。「ミーティングの開始にあたって有田さんがおっしゃったことが、よくわかりました。うちは一匹狼型の営業スタイルが多く、チームでの問題解決を図ることや戦略的視点に立った営業展開が弱い。ホントにそのとおりだわ」。「全国の支店の実態がよくわかりました。はっきりしたのは、このままではうちはじり貧だということ。営業成績が上がらないのを商品のせいにしていては何も変わらない。営業でもできることをやっていきましょう」。神崎と同じく東大阪支店の森谷がそう続けた。

　みんな議論で疲れたような顔をしている。だが、大まかな方向性は共有できた。「問題状況が共有できたところで、明日はこの状況をどう変革していけばよいのかを検討していきましょう」。全員の顔を見回しながら有田が締めくくり、初日のミーティングは解散となった。

3 現場が変革ビジョンを腹に落とし、なすべき課題を探索する

　トップと現場に認識のズレがあるのと同様、現場の代表であるチェンジ・エージェントたちの間でも、変革がなぜ必要なのか、変革によって組織はどうなるべきか、組織の現状の問題点は何かなど、その認識には少なからず差異がある。特に変革テーマが複数部門の変革に関連するもので、チェンジ・エージェントチームが組織横断的なメンバーで構成されていれば余計にお互いの問題認識には大きな開きがある。

　そこで、ケースで見てきたように、まずトップが掲げた変革ビジョンや変革テーマをそれぞれのメンバーがどのように受け止めたか、お互いの問題認識を共有しておくことが必要となる。ケースでも若干触れたが、こうした場合に有効なツールである「リッチピクチャー」という手法を紹介しよう。

(1) リッチピクチャーを活用し、問題認識を共有する

リッチピクチャーとは

　リッチピクチャーとは、ソフトアプローチ的問題解決（後述のコラムを参照）の方法論の代表格である「SSM (Soft Systems Methodology)」のなかで扱われている技法だ。SSMについては多くの専門書が刊行されている[v]ので、詳細な解説はそちらに譲ることにするが、一言でいえば、人間の意図や思いをマネジメントや意思決定に取り込んだ方法論であり、問題状況の理解や、異なった価値観や考えをもった人間同士のアコモデーション（折り合い）を探索するためのガイドラインである。[vi] 1970年代以降、英国ランカスター大学教授のピーター・チェックランド氏とその同僚たちによって研究・開発が進められ、日本では(学)産業能率大学で最初の応用研究が行われてきた。[vii]

　このSSMは、本書のテーマである組織変革の文脈でいえば、実現すべき目的（変革プロジェクトの実施理由、情報システムや人事制度などを改革する理由）が、当事者（経営者、変革推進チームのスタッフ、そして変革の影響を被る多くの現場の社員）の間で共有化されていないときに、目的や思いの共有化を促進する方法論として有効である。

図3-5 リッチピクチャーの例

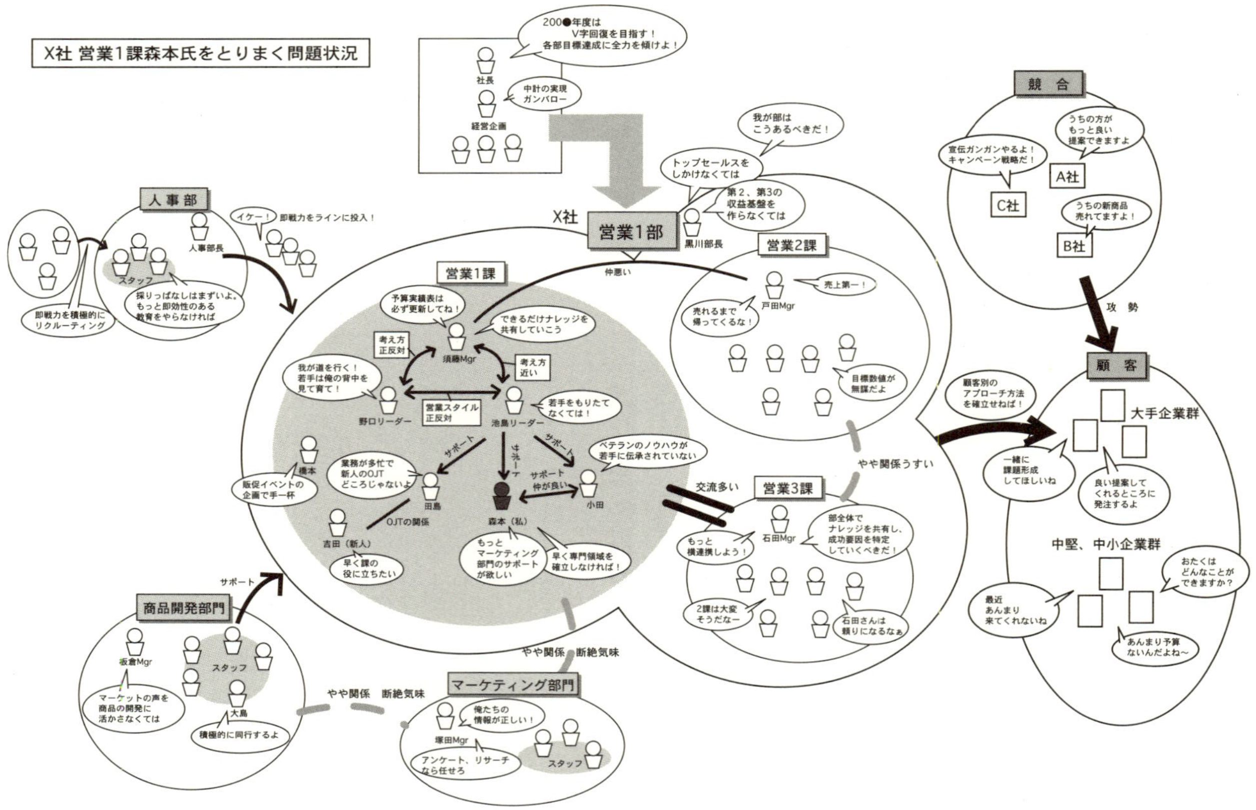

SSMには問題解決に向けて全部で7つのステージ[viii]があり、各ステージに具体的な問題探索のテクニックが存在するが、そのなかの1つがリッチピクチャーである。

リッチピクチャーに描かれるもの

図3-5のように、リッチピクチャーでは、ある問題事象を描いた当事者がどのようにその状況を捉えているかが、様々な登場人物やそれぞれを結んだ関係線、各人の思惑を表す吹き出しなどを使って視覚的に描かれる。

リッチピクチャーには1枚として同じ絵はない。なぜなら各人がその問題状況について知っている知識の量はもとより、その状況を問題であると認識するかどうかが人によってまったく異なるからである。

先ほど紹介した組織診断が定量的なデータを示し、そこを出発点として現状認識を明らかにしていくという意味でデジタル的なツールであるとすれば、リッチピクチャーはそれぞれの主観によって問題状況を探索していく非常にアナログ的なツールであるといえる。

このように、リッチピクチャーは、「当事者や関係者が問題状況をどのように認識しているかを絵や図表、文章、数字で主観的に表現したもの」[ix]であり、そこには「当事者や関係者の存在、彼らの関係やパワー構造、彼らの意図や考え」[ix]などが表現される。また、リッチピクチャーには、描いた人の個性もよく表れるが、リッチピクチャーを作成する人にとって何が大切なのか、何が興味・関心の対象となっているのかも表現される。

人間は自分たちが埋め込まれている現実の状況や文脈を自分で知覚することはできない。そこで、リッチピクチャーを使って、状況に埋め込まれた人々の様々な思惑や関係性、無限にある問題状況を絵で視覚的に表現していくのである。

リッチピクチャーの効果

リッチピクチャーを描くことを通じて、変革を推進する関係者は、外部環境、内部環境の様々な発見を行うことが可能となる。たとえば、「改めて考えてみると、自分と関係している人々や部門の要請、期待が何なのかがわからない」「今まで気がつかなかった人々や部門間の関係性が見えてきた」「自分では状況がよくわからず、問題を認識しきれなかったことが他のメンバーのリッチピクチャーではよく描けている」といっ

た発見は、各当事者の気づきを促すという点でも効果が高い。

　重要なことはリッチピクチャーを媒介に、変革を推進する関係者同士で議論を繰り返し、何か新しい発見をしたら何度もリッチピクチャーを描き直したり、描き足したりして、内容をより豊かなものにしていくこと。最初から完璧な絵を描く必要はない。リッチピクチャーを作成する過程や議論の過程で外部環境、内部環境に関する新たな気づきが生まれることが重要なのだ。リッチピクチャーが学習のツールといわれる理由はそこにある。

　また、リッチピクチャーにはもうひとつ「問題状況の範囲」を特定できるという効果がある。前述したように、リッチピクチャーは、当事者や関係者が問題状況をどのように認識しているかを絵や図表などで表したものであり、描く人間の問題状況の捉え方、言い換えれば認識の仕方によって、描かれる絵の内容は全く異なってくる。

　仮に、営業部門の問題状況をリッチピクチャーとして描いたとしよう。この場合、工場や商品企画など営業部門に関係の深い他部門や外部の顧客、競合まで広い範囲に問題が存在すると捉えた人間が描くリッチピクチャーと、自分が所属する営業所内の細かなオペレーションや人間関係に最大の問題があると、問題を比較的狭い範囲で捉えた人間とでは、描かれるリッチピクチャーの内容に大きな違いが生じる。描く人間の認識の仕方によって「何を問題状況と捉えるか」、すなわち問題の全体像が異なってくるからだ。

　リッチピクチャーという目に見える媒介を通して、こうした個々の異なる問題認識をすり合わせていくことで、どこからどこまでを問題として捉えればよいか、言い換えればどこからどこまでが変革すべき対象範囲なのかを整理することができるのだ。

リッチピクチャーの作成方法

　リッチピクチャーに作成するためのルールはない。通常は、漫画的な絵として描くが、テクニックが限定されているわけでもない。描き方は基本的に自由であり、各メンバーが白紙に、組織の問題状況を自由に描いてもらうことからスタートする。最初から描き方を規定してしまうと、本人の価値前提の表出を制約してしまうことになりかねないからだ。

　ただ、ある程度リッチピクチャーに盛り込むことが望ましい要素はある。それは、図3-6のようなものである。

図3-6　リッチピクチャーに盛り込むべき要素

- ●Structure（構造）
  - 組織全体における自組織の位置づけ
  - 自組織の構造的特性（管理階層・権限関係・手続きやコミュニケーションなど）
  - 協力関係にある他組織（他部門や関連・関係会社等）やそこに所属する人々
  - 外部環境における構造（行政組織、業界、競合等）
  - 関連する人間模様

- ●Process（過程）
  - 組織の構造的特性やそれらに関連する人間模様、他組織との関連に関わる状況
  - 過去・現在・将来にわたる状況の変遷

- ●Climate（風土・雰囲気・想い）
  - 組織構造に基づく活動（意思決定過程、合理的意思決定のための情報伝達、リーダーシップの発揮とモラール・モチベーションの向上、コンフリクトの解決、環境変化対応への行動様式、活動のコントロール等）
  - 関係する人々の思惑やパワーの行使、利害関係に関わる状況

出典：(学)産業能率大学『コンセプチュアルスキル開発セミナーSSM Soft Systems Methodology 状況の改革を促進する「探索学習型アプローチ」』p.29より引用

　こうした要素を盛り込みながら、立場や変革に対する思いの強さの異なる者同士がリッチピクチャーを媒介に、組織のあるべき姿と現状について徹底的に議論することは、組織の問題状況に対する関係者相互の認識を共有し、変革後のあるべき姿（変革の方向性）を探索することにつながる。

　場合によっては、トップが掲げる変革ビジョンそのものが現場の視点から問い直され、修正されることもあるかもしれない。しかし、変革後の姿を共有し、ともに事にあたろうとする一枚岩の状況をつくり出すためには、こうしたツールを使った議論が必要なのだ。

◆コラム２◆問題解決の２つのアプローチ ― ハードアプローチの限界をソフトアプローチが補う

　よく「問題」とは、「あるべき姿」と「現実」とのギャップであり、問題解決とはそのギャップを埋めることであるといわれるが、こうした問題解決へのアプローチを一般にハードアプローチと呼ぶ。ハードアプローチの特徴は、①あるべき姿や理想像といったものが

すでに前提として存在する、②客観的な定量または定性情報（事実情報）を中心に扱う、という点にあり、あるべき姿と現状との差をどれだけ効率的に埋めていくことができるかに焦点が当てられる。

一世を風靡したロジカルシンキングやKT法（ケプナー・トリゴー法）などの手法はいずれも問題を要素に還元し、その因果関係を体系的、論理的に探っていくことが特徴だが、こういった手法がハードアプローチの問題解決の代表格といえる。

一方、問題状況に内在している人間の思惑や世界観といった価値情報に焦点を当てた問題解決のアプローチを、ソフトアプローチと呼ぶ。ソフトアプローチでは初めから与えられた「あるべき姿や理想の姿」はない。あくまで問題とは、客観的に存在しているものではなく、それを問題と捉えている人々の認識、意味づけによって変わってくるとする。

したがってソフトアプローチの問題解決では、あるべき姿に向けた効率的な道筋を考えるのではなく、一体何があるべき姿なのか、様々な思惑をもった個人同士が漠然とした問題意識を戦わせ、あるべき姿自体を問い直すことを志向する。

図3-7　問題解決の2つのアプローチ

ハードアプローチの問題解決思考法	ソフトアプローチの問題解決思考法
★「問題」とは理想と現実のギャップであり、「問題解決」とはそのギャップを解消すること	★「問題」とは、客観的に存在しているものではなく、それを問題と捉えている人々の認識・意味づけによって発生する
★「あるべき姿」や「理想の姿」を所与のものと捉える	★各人の問題意識を踏まえ、「あるべき姿」や「理想の姿」自体を問い直す
★「あるべき姿」に向けた手段をいかに効率的に創出するかに重きを置く	★何が問題となっているのかなど、「問題の設定」に重きを置く

多様な価値前提をもった人間が複雑に関係し合う組織の問題解決は、単なる機械論的なハードアプローチだけでは弱い。ハードアプローチの問題解決は、問題状況を体系的、論理的に整理し、情報の受け手をロジックで説得するには効果的だが、必ずしもその者の深い納得や当事者意識まで引き出すことができないという限界もある。

変革の当事者同士のベクトル合わせをするためには、こうしたハードアプローチの限界を補うという意味で、ソフトアプローチの手法が有効活用できるのだ。

第3章：変革のベクトルを合わせる

> **シーン3** 変革ビジョンの具現化に向けたワークショップの実施②

● 全員で営業部門が抱える問題点を整理する

　ワークショップ2日目。この日は、井上の変革ビジョンを実現するために営業サイドとして何をなすべきか、その具体的な変革課題の探索が作業の中心となる。まずは有田が主導して、昨日の議論から抽出されたABCフーズ営業部門が抱える問題点の整理が行われた。

　全員、昨日の村田の発言が心のどこかに引っかかっていたらしく、まず問題点として挙がったのは、「消費者や得意先のニーズがしっかりつかめていない」という点だった。

　神崎が声をあげた。「リッチピクチャーを使った話し合いのなかで、今の営業スタイルが一匹狼的であること、部内外ともに連携意識が希薄であること、ここが問題だと改めて痛感しました。これでは現場からニーズを吸い上げて、ABCフーズ全体として顧客のニーズや要望に応えていこうとしてもできないですね。レベルの高い顧客満足を実現することなどとても無理だわ」。

　同意するように、村田が言葉を継いだ。「私たちはまず、日頃の活動のあり方を見直し、さらに部門を超えた情報共有と協働をもっと考えていかなくてはいけないのではないでしょうか」。

　これが刺激となってプロジェクトメンバーたちは、それぞれが心密かに感じていた問題点を述べ出した。そのなかから、ほぼ全員が合意した問題点として、主に図3-8のような項目があがった。

● 教育体制をどう整えるのか、SFAをどう浸透させるのか

　これらの問題状況をどのように解決していけばよいか。まず、広島支店の戸部がこう口火を切った。「このままでは競合に対抗できません。もっと戦略的な営業を仕掛けていかなければなりませんが、営業担当者の能力も、マネジャーたちの能力も現段階では不十分です。支店ごとに勉強会を開いて、細かくフォローアップしていくような体制をつくらないといけないのではないでしょうか」。

　これに対して名古屋支店の本橋と福岡支店の村田、そして営業推進部の但馬の3人が疑問を投げかけた。「だれがだれに教えるのか。営業リーダーが担当す

83

図3-8　ABCフーズ営業部門の問題状況

- ■SFAの定着化が進んでおらず、情報入力の頻度・量・質にムラがあるため、現場の営業マネジャーや本社の営業推進スタッフが、個々の営業担当者が抱える案件の実態が十分把握できず、適切な戦略を構築することができない。
- ■営業担当者のあるべき活動プロセスが標準化されておらず、営業担当者ごとに活動内容がバラバラ。
- ■営業担当者個々の能力にかなりのばらつきがある。
- ■プロセス管理が軽視され、「結果がよければいい」という結果重視の考え方が横行しており、それが数々の問題解決の妨げとなっている。
- ■マネジャーの大半はプレイングマネジャーであり、戦略的なマネジメントができていない。
- ■一匹狼的な営業担当者が多く、情報を抱え込んでしまう傾向が強い。チームでのノウハウおよびナレッジの共有が図られていない。
- ■業績悪化に伴い、新人採用を控え、即戦力となる若手社員を中心に中途採用。その結果、計画的なOJTが行われず、若手営業担当者の能力が伸び悩んでいる。
- ■生産ラインに余裕がなく、急な受注に迅速に対応できない。欠品が生じて売り上げに影響する場面がある。
- ■営業担当者の評価は売上高と受注獲得件数を重視したもので、営業担当者にプロフィット意識が生まれにくい。
- ■年功的な人事制度のため、がんばっている若手社員のモチベーションを下げてしまっている。
- ■営業部門と商品開発、生産部門、営業推進部など関連諸部門との連携がまったくなされておらず、シナジーが生まれない。

るにしても現場の負担を増やすだけ。長続きするとは思えない」「個々の営業の能力もノウハウもバラバラというのが現状。支店単位で勉強会を実施したところで、結局、支店間の能力差は埋まらない」「SFAさえきちんと活用すれば戦略的な営業は可能になる。急務なのは、いかにSFAを現場に浸透させるかではないか」というのが3人の主張だ。それに対して、戸部は「SFAを使いこなすにしても、そのための勉強会が必要。しかし、会社主導ではスケジュール調整が大変で、営業担当者たちが前向きに参加するとは思えない」と反論。

本橋も「だからといって、支店単位というのはやはり無理がある。また、マネジャーたちのレベルアップはどう図っていくのか。人材教育については、すべての営業担当者が一定レベルまで到達できるように、全社的な仕組みづくりが必要だ」と応じた。

議論の内容が拡散していきそうな様子を見て、有田が次のように整理に乗り出した。「今の意見には2つの論点があります。1つが個々の営業担当者、営業マネ

ジャーたちのレベルを上げていくには、どのような形で能力開発を行っていくのがいいのか。もう1つが、レベルアップにSFAは有効だが、その活用をどう浸透させていくか。この論点で、解決策を考えていきませんか」。

有田の言葉を受けて、東大阪支店の森谷が「本橋さんの意見に賛成である。まずはバラつきの大きい営業担当者たちの能力を一定レベルにまで上げなければならない。それには会社としての教育システムの構築が必要だ。ここは変革すべき課題だと考える」と意見を述べた。

続けて西東京支店の大田が、「営業マネジャーのマネジメントも変えていかなければならない。マネジャー教育も必要だし、効果的なマネジメントを実施していくための確固とした仕組みづくりも早急に必要だろう」と発言した。

●ただちに取り組むべき7つの課題を抽出

その後も、話の内容が拡散しては有田が論点を整理するという形で、挙げられた問題点に対する課題が次々と導き出されていった。

議論が終結した段階で、10数個の課題が並べられていた。最終段階の作業は、それにさらに優先順位をつけ、「特に実行すべき課題」を決めていくことである。ここでも多くの意見が交わされ、内容はなかなか集約していかない。やがて営業推進部の但馬が「確実に変革すべき柱を、活動効率、活動プロセス、人材教育など2つか3つに絞り、効果的な実行課題を特定していこう」と提案した。全員がそれに賛成し、最終的に図3-9の7点にまで課題が絞り込まれた。

議論を通して絞り込まれたこれらの課題には、現場で実行しうるものと、経営の課題として本社レベルで実行すべきものとが混在している。また、各課題についての各メンバーの感じ方や、思いの度合いにも若干の差があったが、最終的にはこの7つの課題をトップに提言するということで合意した。

引き続き、メンバーたちは7つの課題それぞれにつき、なぜこの課題が必要なのか、この課題を実施する主体はどこか、課題を実行することでどのようなメリットが組織に生じるか、どのようなスケジュールで実行していくかなどを具体的にアクションプランに整理していく作業に着手した。

図3-9 絞り込まれた課題

	トップに提言する課題	概　要
1	営業活動プロセスの標準化と求められる営業能力の整理	SFAを活用した営業のあるべき活動プロセスの標準化と、各プロセスにおいて求められる営業能力の整理を行う。ただしその前提としてはSFAの活用定着が不可欠である。
2	営業教育体系の整備	提言する課題1で求められる営業能力が明らかになった後、その能力を獲得するための教育施策を整備する必要がある。
3	ABCフーズ流提案型営業の確立	商品の売り込みや御用聞き営業に代表される旧態依然とした営業スタイルを脱し、顧客の問題解決を主眼とした営業スタイルへの移行を図る。
4	目標管理の適切な運用	現状、おざなりになっている目標管理制度の徹底を図る。
5	営業部門と商品開発部門の協働開発体制の構築	複数部門が協働することで期待されるシナジー効果を、喫緊の課題である商品開発において最大化し、売れる商品作りを行う。
6	人事評価制度の見直し	売上重視から利益重視の評価制度へ移行し、営業担当者のモチベーション向上をねらう。
7	工場内オペレーションシステムの改善またはライン増設	受注状況の急な変動にも対応できるよう、工場のオペレーションシステムを見直し、対応策を講じる。

(2) 変革ビジョンの実現に向け、なすべき課題を探索する

　リッチピクチャーを用いて、メンバーが組織の問題状況を共有し、トップの変革にかける思いやトップが掲げる変革ビジョンに納得することができたら、今度は、あるべき姿に向かってこれらの問題状況をどのように変革していけばいいか、組織として取り組むべき具体的な課題を探索する。

活動内容（何をどうする）を洗い出す

　あるべき姿に向けて問題状況を変えるために、どのような活動に取り組むべきか、何をどうすればいいのか、具体的な活動内容を記述する。そこでは、組織のなかの「だれが」「どの部署が」その活動を行うのか、すなわち活動の主体者を想起しながら、同時に、その活動を行うことは「だれの」「どの部署の」ためになるか、すなわち活動の顧客（Customers）を考えながら書くことが大切である。また、抽象的な用語は避け、成果が見えるよう、できるだけ定量的な表現方法でまとめることも必要だ。

活動内容をグルーピングする

次に、「親和図法」を用い、洗い出した「活動内容」を似たもの同士でくくり、グルーピングしていく。そして、各グループにくくられた活動内容を集約し、「表札」ラベルに適切な課題名を記述する。また、それぞれの課題の関係性を検討し、関係性がある場合は、矢印で関係性の内容を記述する。

図3-10 活動内容のグルーピング例

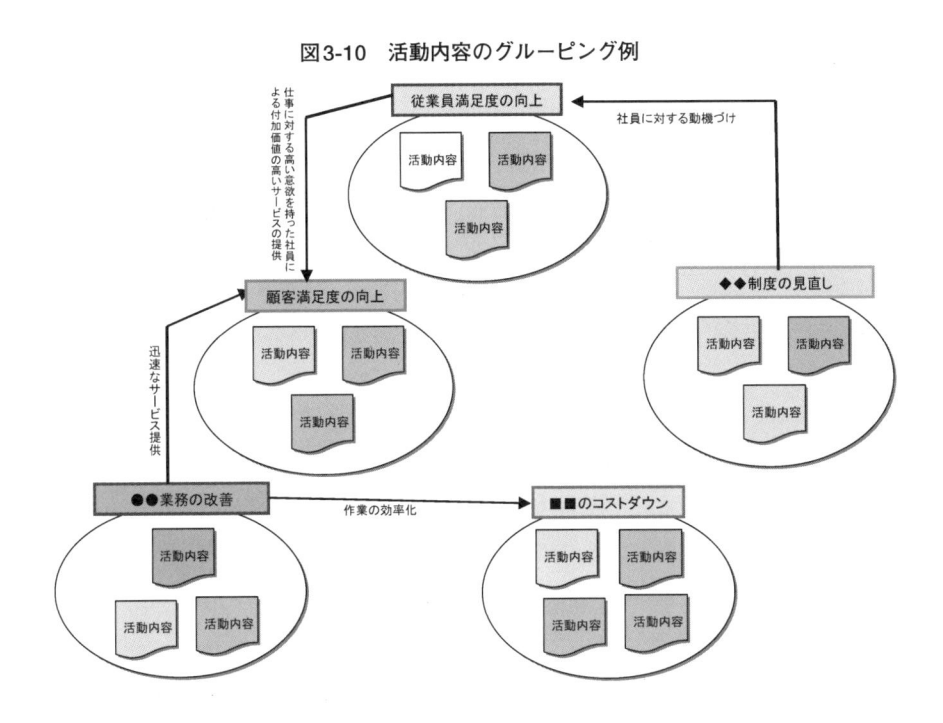

(図：「従業員満足度の向上」「◆◆制度の見直し」「顧客満足度の向上」「●●業務の改善」「■■のコストダウン」の各グループが矢印で関係づけられている。矢印のラベル：「仕事に対する高い意欲を持った社員による付加価値の高いサービスの提供」「社員に対する動機づけ」「迅速なサービス提供」「作業の効率化」)

課題に優先順位をつけ、精査する

こうして抽出・整理された課題のなかには、本社が取り組むべき全社的課題もあれば、現場が主体となって取り組むべき課題もある。いずれにせよ、これらの洗い出された課題にはすべて優先順位をつけ、より効果性の高いものから実行していく必要がある。洗い出した課題を評価・精査し、優先順位を付けていくには、たとえば、「投入コスト」「効果性」「重要性」「緊急性」「実現可能性」「実現スピード」「企業理念・戦略との合致度」「抵抗の大きさ」など、複数の選択肢を比較するための様々な判断軸を洗い出し、それらの判断軸同士を比較し、重み付けを行う意思決定マトリクスやペイオ

フ・マトリクスなど、何らかの判断軸を用いた意思決定手法を用いるとよい。ペイオフ・マトリクスはインパクトと実現の可能性から課題のアイデアを精査していく方法だが、評価軸のとり方によってほかにもいろいろな評価のバリエーションが考えられる。

図3-11　意思決定マトリクスの例

判断軸	投入コスト	効果性	重要性	実現可能性	実現スピード	抵抗の少なさ	合計	優先順位
重みづけ	× 2.0	× 2.5	× 1.0	× 1.0	× 2.0	× 1.0		
A案	3	5	2	3	2	2	29.5	第1位
B案	1	3	1	5	3	3	24.5	第2位
C案	5	1	2	3	2	1	22.5	第3位
D案	1	1	3	5	3	1	19.5	第4位

図3-12　ペイオフ・マトリクスの例

実現の可能性＼インパクト	遂行が容易	遂行が困難
収益小	すぐできる	時間の無駄
収益大	ボーナスチャンス	努力が必要

出典：Dave Ulrich, Steve Kerr and Ron Ashkenas.(2002) THE GE Work-Out, The McGraw-Hill Companies（高橋透・伊藤武志訳『GE式ワークアウト』日経BP社, 2003年, p.57を一部改定）

達成手段（どのように）を洗い出す

　取り組むべき優先実行課題が抽出できたら、今度はどのような手段でその課題に着手するのかを考える。ここではブレーンストーミングの手法を用いて、できるだけ多く洗い出すのがポイントだ。課題によっては、1つの課題に複数の達成手段がぶら下がる可能性もあるだろう。この際、重要なことは、本当にこの手段を実行すれば、その課題が解決されるか、を再吟味することである。

シーン4　新変革ビジョン具現化に向けて取り組むべき課題の提言

●チェンジ・エージェントの提言に対し、実行するかどうかを役員たちが即決

　ワークショップを通してプロジェクトメンバーたちが検討してきたABCフーズの営業力強化に向けた変革課題を、トップに提言するレビューセッションの日がやってきた。この日は、井上社長、吉田営業本部長はもとより、関連部門の取締役や部長陣が顔を並べる。

　提言する課題は、いずれも現場の視点から問題提起がなされ、変革プランにまで昇華されたもの。一つひとつ、プロジェクトメンバーと井上ら役員陣が内容を議論し、実行すべきかどうかその場で決定する。「善処する」「前向きに検討する」といった曖昧な回答は許されない。「すぐ実行しよう」「これはやらない。時期尚早だ」「いいアイデアだが、実行するには時間も費用もかかる。さらに詳細な分析をするために別途プロジェクトをつくろう」といったように、あらかじめ役員も明確な回答をするように求められていた。

　また、アクションプランのなかには現場で実行できるものと、経営の課題として本社レベルで実行すべきものとがあり、本社レベルで実行すべきものについては、該当部門の取締役および部長に直接提言が行われる。たとえば、課題②の「営業能力を獲得するための教育体系の整備」と④の「目標管理の適切な運用」という課題は、いずれも取締役人事部長に向けて提言がなされた。

　この2項目に関しては、人事部でもかねてから検討課題として意識されていたようだ。人事部長の回答は、「教育体系の整備は確かに早急に実現していかなければならないものだ。すぐに取りかかろう」というものだった。

　一方で、提言される変革プランには部門の利害に及ぶようなものも含まれている。課題⑦の「生産効率を上げるための工場内オペレーションシステムの改善、またはライン増設」を提言された生産本部長は難色を示し、次のように話したのである。

　「生産効率を上げる努力をした結果が今の状態だ。これ以上の効率アップを望むのは現状ではむずかしい。それにオペレーションシステムの改善には膨大な時間と金がかかる。ライン増設にしても、全商品の生産スケジュールの組み直しや人員配置、シフトの組み直しをやり直さなければならず、大変な労力がか

かる。こちらとしては生産部門にこれ以上の負担をかけさせたくない。そもそも欠品が生じるのは、営業の発注のタイミングが遅いからだ。欠品による売り上げ損失を防ぐには、生産ラインを何とかするより、営業が顧客の状況を先回りして掴み、早め早めに余裕をもって商品の発注をかけるように変わることのほうが先決ではないか。このプランの実行は厳しいと思う」というのが生産本部長の回答だった。

　これに関しては、プロジェクトメンバー側からも様々な反論が試みられたが、生産本部長は「ちょっとむずかしい」の一点張り。平行線のままの状況を見て、最後は井上社長が決断し、生産本部長に対して、「ただちに実行するのは無理だろうが、時間をかけて段階的に取り組んでいけば実現は不可能ではない。大変だろうが、生産部門の年度のアクションプランに盛り込んでほしい」と指示を出した。

●課題決定。営業強化プロジェクトがいよいよスタート

　プロジェクトメンバーの手による現場視点からの7つの変革プラン一つひとつが、このように検討されていった。もちろん、議論するまでもなく採用された提言もあれば、現場とトップの考え方が対立した提言もある。しかし、いずれの場合も、最終的にはお互いが納得する形で採否が決められていった。

　その結果、最終的に「本社サイドが検討・実行すべき課題」「チェンジ・エージェントチームが検討・実行できる課題」が次のように分けられ、全員の合意のもと意思決定された。

■本社サイドが検討・実行すべき課題

Ⅰ	人事評価制度の見直し
Ⅱ	クロス・ファンクショナルな商品開発体制の構築
Ⅲ	営業担当者の教育体系の構築と適切な教育の実施
Ⅳ	生産効率をあげるための工場内オペレーションシステムの改善、またはライン増設

■チェンジ・エージェントチームで引き続き、検討・実行する課題

Ⅰ　あるべき営業活動プロセスの設計
Ⅱ　ソリューション営業の確立とその試験的導入
Ⅲ　SFAの定着化に向けた現場での営業担当者への啓蒙活動

　チェンジ・エージェントチームで引き続き検討・実行できる課題の各項目については、何から着手していくかもその場で決められていった。
　「あるべき営業活動プロセスの設計」と「ソリューション営業の確立とその試験的導入」に関しては、営業推進部が音頭をとって、今回のメンバーでさらに具体的な内容を徹底的に議論し、活動内容が明確になったあと、西東京支店と東大阪支店においてソリューション営業専門部隊を試験的に設置する。こうして、まずは3ヵ月を目処に成功事例を創り出していくことを目指すことになった。

　一方、「SFAの定着化と現場への啓蒙活動」については、現場の営業担当者たちの強い抵抗にあうことが予想された。そこで営業推進部が各支社を啓蒙して回るとともに、今回のプロジェクトメンバーが中心となって現場での浸透活動を徹底するという2段階の啓蒙活動を実施していくことで、ツールの利便性とSFAを活用した営業活動の有用性を認知してもらい、半年間かけてSFAの定着を図っていこうということで合意がなされた。
　課題をめぐるトップと現場の議論が終わり、井上がセッションを締めくくった。
　「いいプランがあがってきたと思う。忙しいなか、よくやってくれた。だが本当の改革はこれからが本番だ。各課題を確実に実行し、成果をあげてほしい」。
　こうしてABCフーズ「営業力強化プロジェクト」の次なる一歩がスタートした。プロジェクトメンバーたちは、「"あるべき営業の姿"を実現するために自分たちがなすべきこと」をしっかりと胸に刻み込み、それぞれの支店へと戻っていった。

（3）取り組むべき課題をトップに提言し、変革を実行に移す

　優先的に取り組むべき課題とその達成手段が抽出できたら、最終的にこれらの情報を整理し、トップへの提言資料として以下のようなシートをまとめあげる。
　トップ提言用の資料には、
① 　トップのビジョンを踏まえた変革後のあるべき姿（変革の定性的・定量的目標）
② 　組織の現状の問題点
③ 　現状の問題点を克服し、あるべき姿に変わるために取り組むべき優先実行課題とその達成手段
④ 　貢献顧客（その課題に取り組むことで恩恵を受ける社内外の関係者・関係部署）
⑤ 　課題実行の主体者（その課題に主に取り組む者・部署）
⑥ 　実施時期（いつまでにその課題を実行し終えるかの大まかな目安）
などの情報を網羅しておくとよい。

　また、多くの場合これらの優先実行課題のなかには、現場で実行しうる課題と、現場では解決しえない比較的大きな経営課題が混在する。トップ提言の場では、現場で実行しうる課題に対してはさらに具体的な実行計画を上申し、また、現場で解決できない課題についてはしかるべき部門に課題解決に向けたアクションプランをまとめさせるよう働きかけることが求められる。

　このうち、現場で実行しうる課題について実行計画を策定する際には、計画遂行上起こりうるリスクについても同時に検討を行っておくとよいだろう。

　また、比較的大きな経営課題として上申する課題のなかには、特定部門の既得権益を脅かすようなものが含まれている可能性がある。しかし、それらの課題が変革ビジョンの実現に向けて有用であるならば、聖域や制約は設けないという強い姿勢を堅持することが重要だ。

　こうしてまとめられた提言書は「現場発の変革プラン」として、経営トップ層に提言される。「目指す方向に組織を変えていくためには、こういう問題の解決に取り組んでいかなければダメだ」。現場だからこそわかるこうした変革の阻害ポイントとその解決策がチェンジ・エージェントの口から語られ、トップとチェンジ・エージェントが、その"提言内容"を媒介として、変革の方向性や組織のあるべき姿について再度ディスカッショ

図3-13　優先課題（変革の目的・活動内容・達成手段）の整理イメージ

変革後のあるべき姿（定性的・定量的目標）
- トップの変革ビジョンの実現に向け、1年後には、重点戦略商品○○を市場No1シェアの商品に育て上げる
- トップの変革ビジョンの実現に向け、
- トップの変革ビジョンの実現に向け、

組織の問題状況	優先実行課題 （何をどうする）	達成手段 （どうやってやるか）	貢献顧客 （誰が恩恵を受けるか）	活動主体 （誰がやるか）	実施時期 （いつまでに）
営業担当者の活動内容、能力にバラツキがある	あるべき営業活動プロセスの設計、ソリューション営業の確立と現場への導入	①あるべき営業活動プロセスの具体的な内容を詰める ②いくつかの支店でパイロット導入を行う	営業担当者 営業マネジャー	チェンジエージェントチーム 営業推進部 人材開発スタッフ	3ヶ月以内
現場において適切な戦略構築や、効率的な営業活動ができていない	SFA定着に向けた現場での啓蒙活動	①各支店を巡回して直接啓蒙する ②現場で個別に浸透対策を実施する	営業担当者 営業マネジャー	①営業推進部 ②チェンジエージェントチーム	①3ヶ月以内 ②半年以内
関連部署同士の連携が全くなされておらず、シナジー効果が生じていない	クロスファンクショナルな商品開発体制の構築	①他部署へ期待する内容と該当部署の洗い出し ②該当部署との調整・人選	営業担当者 開発担当者	商品開発スタッフ 人事スタッフ	3ヶ月以内
特に中途採用者に対して、計画的なOJTや教育が行われていないため戦力化が遅れている	営業担当者の人材開発体系の構築と教育の実施	①営業教育体系の検討・構築 ②対象者に対する育成プランの策定	営業担当者 営業マネジャー	人材開発スタッフ 営業推進部	①構築:3ヶ月以内 ②実施:1年以内

ンを行う。

　前述のとおり、こうした変革プランについては、一部のスタッフ部門が起草し、現場の社員の知らないところで提言が行われ、いつのまにか実行に移されるケースがほとんどだ。しかし、スタッフ部門だけによって作成されたプランは、現場が抱えている問題点を十分に考慮しきれないという限界もある。これに対して現場の人間も参画した変革のアイデアであれば、一部のスタッフ部門のみがプランニングに参画するよりも、実行後のいろいろな局面において現場の納得度が増す可能性も高い。

　また、何より変革プランの起草と提言に参画したチェンジ・エージェントに、自分たちが組織を変えているという参加意識や気分の高揚をもたらす。現場の人間をこうし

たプロセスに巻き込むメリットは大きい。

　一方、提言される側の経営層にはスピーディーな意思決定が求められる。現場の代表チームであるチェンジ・エージェントたちがきちんとしたプロセスで考え、「変革ビジョンを実現するためにはこうした課題に取り組めばいい」と提言してきたら、意思決定を延ばさず、できるだけその場で、やるかやらないか、あるいは再検討を要するか、の決断をしなければならない。トップに何か提言をしてもなかなか返事がこないようでは、とても変革の実行などおぼつかない。提言内容に対するトップ層の即断即決。この姿勢こそ、変革においてもっとも大切な、「現場とトップの信頼関係」を構築することにもつながる。

　変革はトップや本社の一部のスタッフだけでは実行できない。現場の深い関与があってこそ成功する。チェンジ・エージェントは変革の伝道師であり、現場に戻ってからはその他の組織のメンバーを変革に巻き込んでいく活動を推進する主体者となる。

　その変革推進者が変革のビジョンや方針を他人事のように話すのでは組織のメンバーを揺り動かすことはできない。チェンジ・エージェント自身が納得し、変革の当事者意識をもって、自分の言葉で変革の必要性や方向性を語ることができてはじめて現場に変革が浸透する。

　一見回り道のようだが、こうしたプロセスを踏むことで、現場代表のチェンジ・エージェントが、トップの変革意図を理解し、当事者意識をもって変革に取り組めるようになるのである。

第3章の引用・参考文献

i　寺本義也 (2002)「ビジネスにおける知のコミュニティの創造と活用」『(非売品) SANNO HRM FORUM 知のコミュニティを経営に活かす ワークプレイス・チェンジコンソーシアム講演録集』学校法人産業能率大学, 2002年, pp.18～19参照.

ii　沼上幹 (2003)『組織戦略の考え方』筑摩書房, p.76 より引用.

iii　Carlos Ghosn. (2001) "Renaissance". (中川治子訳『ルネッサンス－再生への挑戦』ダイヤモンド社, pp.217～222参照)

iv　Herbert A. Simon. (1981) "The Sciencies of the Artificial second edition". (稲葉元吉・吉原英樹訳『新版　システムの科学』パーソナルメディア株式会社, pp.334～339参照).

v　例えば、Peter Checkland, Jim Scholes. (1990) "Soft Systems Methodology in Action". John Wiley & Sons, Ltd. (妹尾堅一郎監訳『ソフト・システムズ方法論』有斐閣, 1994年) や Jonathan Rosenhead. (1989) "RATIONAL ANALYSIS FOR A PROBLEMATIC WORLD Problem Structuring Methods for

　　　　Complexity, Uncertainly and Conflict". John Wiley & Sons, Ltd.（木嶋恭一監訳『ソフト戦略思考』日刊工業新聞社，1992年）などがある。
vi　木嶋恭一（1996）『交渉とアコモデーション』日科技連，p.85参照．
vii　応用研究の結果は、学校法人産能大学総合研究所SSM研究プロジェクトチーム（1995）『SSM（Soft Systems Methodology）に関する応用研究報告書—企業組織におけるSSMの導入アプローチを探る—』学校法人産能大学総合研究所などに詳しい。
viii　Jonathan Rosenhead.(1989)"RATIONAL ANALYSIS FOR A PROBLEMATIC WORLD Problem Structuring Methods for Complexity, Uncertainly and Conflict". John Wiley & Sons, Ltd.（木嶋恭一監訳『ソフト戦略思考』日刊工業新聞社, 1992年, p.106参照）．
ix　学校法人産能大学総合研究所SSM研究プロジェクトチーム（1995）『SSM（Soft Systems Methodology）に関する応用研究報告書—企業組織におけるSSMの導入アプローチを探る—』学校法人産能大学総合研究所，p.Ⅰ-6より引用。

第4章

変革の勢力を拡大する

1 組織メンバーに対する浸透活動 ── チェンジ・エージェントが現場を変える

　一握りの人間だけで組織を変えることはできない。組織変革を成功させるには、組織全体に変革の大きなうねりを巻き起こしていくことが不可欠である。現場を巻き込み、現場の動きや意識を変え、現場から変革のムーブメントをつくり出すことが必要になる。

　現場を変える「主体者」であり、そのカギを握るのがチェンジ・エージェントである。変革課題を「我が事」として受け止めたチェンジ・エージェントは現場に戻り、周囲の人々に対して変革の必要性や意義を説き、できるだけ多くの組織メンバーが変革について合意するよう働きかけなければならない。

　しかし、現実にはそう簡単なことではない。特に変革活動の初期段階では、従来のやり方に固執したり、先行きへの不安感から心理的な抵抗感を抱いたりする人が多くみられる。これに対して、チェンジ・エージェントはあらゆる手段を用いて変革の必要性を粘り強く説き、こうした人々に変革を受け容れさせていかなければならない。

　もっとも、ただやみくもに変革の必要性を説くだけでは、効果はあまり期待できない。そればかりか逆効果の恐れもある。変革を受け容れさせるには、相手を十分理解したうえで慎重に事を進めていくことが大切になる。そのためには一定の段階を踏みながら進めていかなければならない。

　具体的には、現場の状況を把握する「相手を知る」段階、変革の意味を伝える「変革の背景を説く」段階、変革に対する「抵抗勢力を突き崩す」段階の3つである。チェンジ・エージェントが現場を変えていくための具体的な方法論について、各段階に沿って説明していこう。

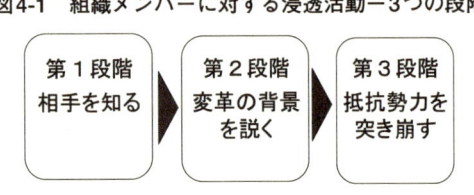

図4-1　組織メンバーに対する浸透活動－3つの段階

第1段階	第2段階	第3段階
相手を知る	変革の背景を説く	抵抗勢力を突き崩す

(1) 第1段階：相手を知る

「変革のステークホルダー」とは

　チェンジ・エージェントが現場を変えるためにまず取り組むべきなのは「相手を知る」ことである。変革のテーマが示され、その取り組みが開始されると、変革に対する現場の反応や社員個々の取り組み姿勢や態度が次第に浮き彫りになってくる。自発的に変革を受け容れ積極的に取り組む人もいれば、反発する人や抵抗する人も出はじめる。チェンジ・エージェントはこうした変革に対する人々の反応を識別し把握しておかなければならない。

　また、反発したり、抵抗したりする人々の背景状況やその心情を十分に理解することも大切になる。相手のことを十分に知らなければ相手を変えることなどできないからである。

　変革には様々な利害や人々がからみ合う。ここでは、こうした変革の利害関係者のことを「変革のステークホルダー」と呼ぶ。

　変革のステークホルダーは、変革に関係するすべての個人と集団を指す。社員はもちろん、ときには取引先の会社など社外の人たちが含まれることもある。チェンジ・エージェントが現場を変えていくためには、こうしたステークホルダーをきちんと把握し、それぞれの状況や反応をあらかじめ知っておくことが重要になる。

　ステークホルダーの把握については下図の3つのステップで行う。各ステップについてそれぞれ見ていこう。

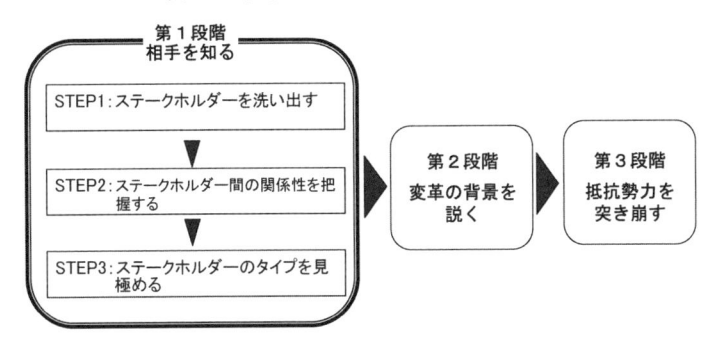

図4-2　相手を知るための3つのステップ

第1段階　相手を知る
- STEP1：ステークホルダーを洗い出す
- STEP2：ステークホルダー間の関係性を把握する
- STEP3：ステークホルダーのタイプを見極める

第2段階　変革の背景を説く

第3段階　抵抗勢力を突き崩す

STEP1：ステークホルダーを洗い出す

　まず社内外のステークホルダーを洗い出す作業を行う。最初からすべてのステークホルダーを洗い出すことは難しいが、影響力が大きいと思われる人物を中心に、できるかぎりリストアップする。その際は以下の2つのポイントを押さえておく。

① リッチピクチャーをもとにリストアップする

　いきなりステークホルダーをリストアップしようとしてもなかなかやりにくい。こうした場合、何か考える手がかりがあるとスムーズに進む。

　先に組織内の問題状況についてリッチピクチャーを作成する手法を紹介したが、リッチピクチャーには組織内の現状について、チェンジ・エージェントが捉えた主観的な認識が明らかにされている。そのなかには様々な形でステークホルダーが描き込まれており、これを手がかりにステークホルダーをリストアップしていくと比較的スムーズに進めることができる。

② 個人レベルだけではなく集団レベルでも捉える

　ステークホルダーをリストアップする際に注意したいのが、個人だけではなく、集団もその対象に含めるということである。本部や部、課など公式の集団はもちろん、非公式な集団も含めて、変革に対して利害が発生する集団をきちんと押さえておくことが重要だ。なぜなら、たとえ個人レベルでは変革に対して賛同していたとしても、通常所属する集団が反対ないし消極的だったとしたら、そのスタンスを無視した行動はとりにくい。組織に属する人々は当然組織内に存在する何らかの集団に属している。個人だけを洗い出しても、その背後にある集団の状況を明らかにしていかなければ相手を知ったことにはならない。そのため、ステークホルダーを洗い出す際には、個人と集団という2つのレベルで捉えることが不可欠になる。

STEP2：ステークホルダー間の関係性を把握する

　ステークホルダーを洗い出したら、次はステークホルダー間の関係性を把握しておく。

　「組織」は個人の集まりである。しかし、個人はバラバラに存在しているわけではない。人が集まれば人と人との間に相互作用が起こり、そこに目には見えない「関係性」

が生じる。個々のステークホルダーだけを見ていては、現場を変えていくことはできない。チェンジ・エージェントはそうした「関係性」、すなわち、個人と個人、または個人と集団、さらには集団間のつながりの有無や、その質などを押さえておくことが欠かせない。ステークホルダー間の関係性を把握するためのポイントを以下に3つほど挙げておこう。

① 集団をネットワークの視点で捉える―ハブ型人材の特定

関係性を把握する際には、集団をネットワークの視点で捉えることが重要である。「ネット」という言葉は、もともとは糸などが何カ所かで結びあわされたものを意味する。ネットは「結び目」と「線」から成り立っており、この結び目を「ノード」(結節点)、線の部分を「リンク」(枝路)という。すなわち、「ネット」とは複数のノードとそれらを結ぶリンクからなる。

図4-3 ネットの構成

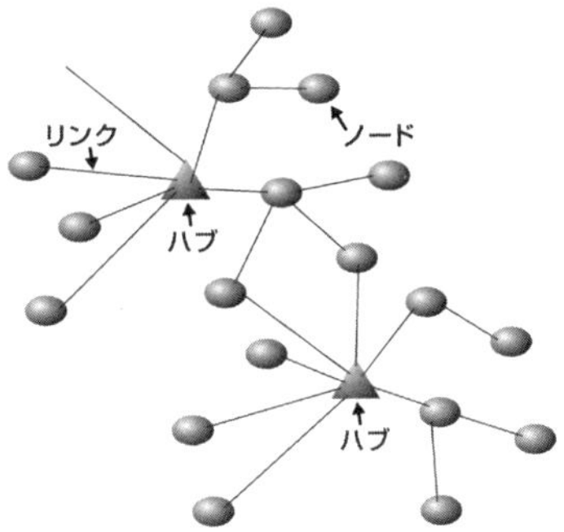

このとき、多数のリンクを持つノードを特に「ハブ」という。たとえば、様々な地域からの航空路が一カ所に集まる空港を「ハブ空港」といい、空路のネットワーク上重要な役割を果たしている。これと同じように組織のなかにも、人間関係の「ハブ」的な役割を担っている人、いわば「ハブ型人材」が必ず存在する。

「普及学」の第一人者として知られるエベレット・M. ロジャーズ氏は、イノベーションの普及において大きな役割を果たす存在を「オピニオン・リーダー」と呼んだ。

ロジャーズ氏は、このオピニオン・リーダーがもつ影響力について、「個人が自分の

望む方向において、他人の態度や顕在的行動に対して、比較的頻繁に、インフォーマルに影響を与えることができる度合い」[i]と定義し、これを「オピニオン・リーダーシップ」と呼んでいる。そして、オピニオン・リーダーシップのもっとも顕著な特性の1つとして、「個人間（インターパーソナル）コミュニケーション・ネットワークの中心に位置している」[i]ことを挙げ、そのネットワークによって革新的な行動が伝播されると述べている。[ii]

「ハブ型人材」は、まさにロジャーズ氏のいうオピニオン・リーダーにほかならない。したがって「ハブ型人材」を特定することは、変革を普及させるうえで欠かすことのできない重要なポイントになる。チェンジ・エージェントが現場を変えるためには、このハブ型人材の攻略がカギといえよう。

◆コラム3◆人間関係の収穫逓増現象

ハブ型人材は新しい関係（リンク）を増やしていく力も強いため、「人間関係の収穫逓増現象」が見られる。「収穫逓増」とは優位性をもっている者がいっそう優位になり、優位性を失った者がどんどん優位性を損なっていくという現象をいう。ハブ型人材はどんどんリンクを増やすが、一方でリンクの少ない「ノード」はまったくリンクが増えない。集団をネットワークの視点で見てみると、膨大なリンクを持つ少数のハブ型人材とわずかなリンクしか持たない多数のノード人材から構成されているのが一般的である。

---

② インフォーマル・ネットワークを見逃さない

企業内における集団には、部や課、プロジェクトチームなどのように、組織の目的を達成するためにつくられた公式の集団以外に、自然発生的に生じた非公式の集団もある。こうした非公式の集団は存在が明確になっているものもあれば、そうでないものもある。

休憩時間に喫煙ルームに集まる人たちのなかで連帯感が芽生え、仕事上の情報交換や特定のテーマについての議論が行われていることがある。こうした集団はある種の非公式集団ということができる。

一般に組織の公式情報は、階層構造に沿ってカスケード（滝）式にトップから現場へと伝わっていくが、組織の実態を現すような生々しい情報は、こうした無数のインフォーマル・ネットワークを通して共有され、普及していくことが多い。それはインフォーマ

表4-1　公式の集団とインフォーマル・ネットワークの違い

	目的	メンバー	境界	動機	継続期間
公式の集団	製品／サービスの完成	集団に所属する全員	明確	職務上の必要と共通の目標	次の組織改編まで
インフォーマル・ネットワーク	ビジネス情報の収集	友人、仕事上の知人	定義不可能	共通のニーズ相互の利益	存続理由のある限り

出典：E. Wenger et al "Cultivating Communities of Practice"（野村恭彦監修　櫻井祐子訳『コミュニティ・オブ・プラクティス』p.82）NTT メディアスコープ編著『コミュニティ・マーケティングが企業を変える！』かんき出版, 2004年, p.151 より一部修正

ルであるがゆえに、本音や裏情報を容易に伝えやすいことに加えて、共通のニーズや相互利益の享受が、そのネットワークの存在理由になっているからでもある。

　ステークホルダーの関係性を把握する際には、こうしたインフォーマル・ネットワークを押さえておく必要がある。どのようなインフォーマル・ネットワークが存在し、そこではどのような情報が流れているのかを理解してこそ、現場における本当の意味での効果的な"手の打ちどころ"を判断することができるからである。"裏ネットワーク"の存在を無視しては現場を変えていくことは難しい。

　もっとも、インフォーマル・ネットワークは表にはっきりと現れない場合もあり、把握が難しい。その実態を押さえるためには、チェンジ・エージェントが物理的にワンダリング（歩き回り）を行いながら情報を収集しなければならない。同時にチェンジ・エージェント自身もできるだけインフォーマルなネットワークを広げていくことが重要になる。自らのネットワークの拡大が、組織のネットワークの実態を知る強力な手がかりとなるからである。

③　関係性の質をあぶり出す

　ステークホルダー間の関係性を把握するためには、その関係性の有無と内容を把握しておくことも重要になる。

図4-4　関係性の質

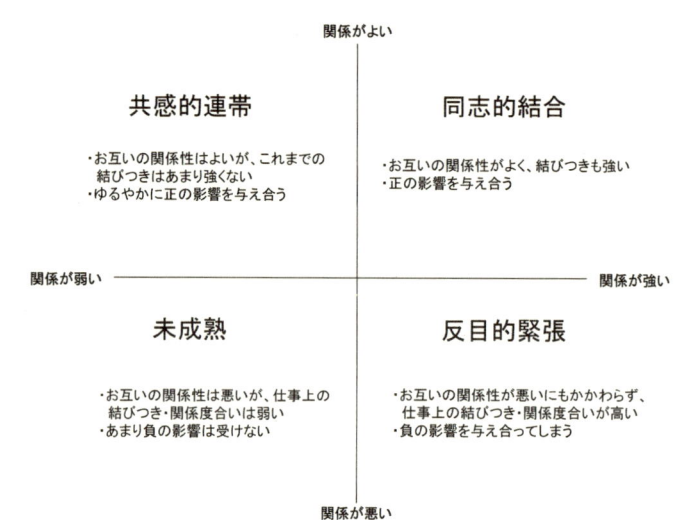

共感的連帯
・お互いの関係性はよいが、これまでの結びつきはあまり強くない
・ゆるやかに正の影響を与え合う

同志的結合
・お互いの関係性がよく、結びつきも強い
・正の影響を与え合う

未成熟
・お互いの関係性は悪いが、仕事上の結びつき・関係度合いは弱い
・あまり負の影響は受けない

反目的緊張
・お互いの関係性が悪いにもかかわらず、仕事上の結びつき・関係度合いが高い
・負の影響を与え合ってしまう

（縦軸：関係がよい／関係が悪い、横軸：関係が弱い／関係が強い）

図4-5　ステークホルダー同士の関係性を表したイメージ

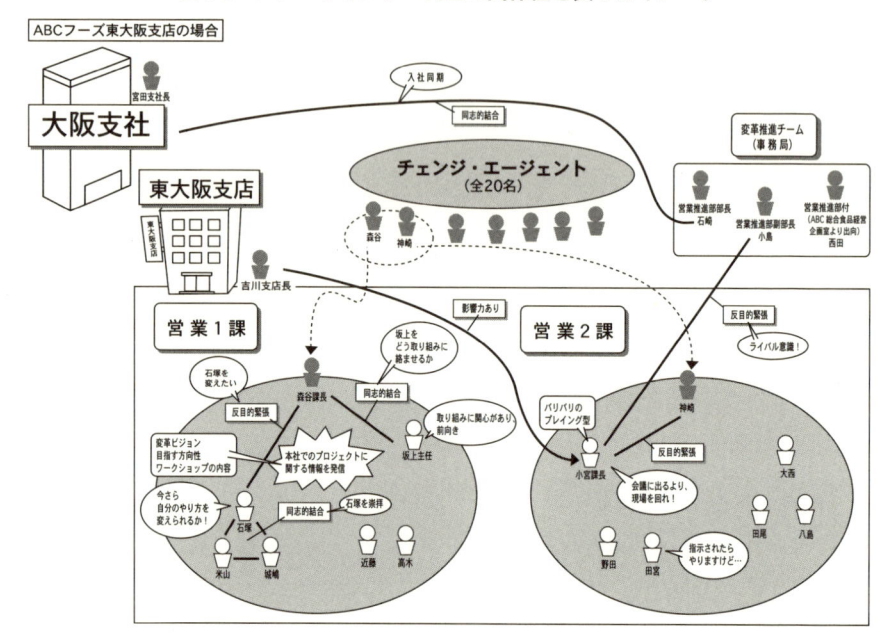

ABCフーズ東大阪支店の場合

大阪支社（宮田支社長）
東大阪支店（吉川支店長）

入社同期／同志的結合

チェンジ・エージェント（全20名）
森谷、神崎 ほか

変革推進チーム（事務局）
営業推進部部長　石崎
営業推進部副部長　小島
営業推進部付（ABC総合食品経営企画室より出向）　西田

営業1課
・森谷課長（同志的結合／反目的緊張）
　石塚を変えたい
　変革ビジョン　目指す方向性　ワークショップの内容
　本社でのプロジェクトに関する情報を発信
・坂上主任（取り組みに関心があり前向き）
　坂上をどう取り組みに絡ませるか
・石塚を擁護（同志的結合）
　今さら自分のやり方を変えられるか！
・米山、城崎、近藤、髙木

影響あり

営業2課
・小宮課長（バリバリのプレイング型／反目的緊張）
　会議に出るより、現場を回れ！
・神崎（反目的緊張／ライバル意識！）
・大西、田尾、八島
・野田、田宮（指示されたらやりますけど…）

104

そのうえで、洗い出したステークホルダー同士の関係性、またステークホルダーと変革を推進する自分（チェンジ・エージェント）との関係性を整理し、リッチピクチャー的な絵で状況を整理していく。

この際、ステークホルダー相互の関係の良し悪しや強弱によって線を描き分け、線の上に「関係性の質」（図4-4参照）を記入していくとわかりやすい。

STEP3：ステークホルダーのタイプを見極める
① ステークホルダーのタイプ

ステークホルダー間の関係性の質を把握したら、最後に各ステークホルダーのタイプを見極め、タイプに応じた働きかけをしていくことが必要になる。各ステークホルダーのタイプは、「影響力の大きさ」と「変革に対する態度」の2つの視点から見極めることができる。

◇影響力を分析する

ステークホルダーのタイプを見極めるうえでまず押さえておくべきなのは、各ステークホルダーの影響力の大きさである。もっている影響力の大きさ如何で、そのステークホルダーに対する働きかけ方が大きく異なってくるからである。では、影響力はどのようにして見極めればよいのだろうか。

人はコミュニケーションを通じて相手に影響を与えている。個人が他者の行動や態度を変化させることのできる潜在的な影響力を「パワー」（勢力）という。つまり、AさんがBさんに対して影響を与える潜在的な能力をもっているとき、「AさんはBさんに対してパワーをもつ」ということになる。パワーは図4-6の5種類に分類することができる。[iii]

これらのうち強制的パワー、報酬的パワー、正当的パワーは、基本的には組織から賦与されるフォーマルな権限と密接に結びついている、いわば「ポジションパワー」である。一方、専門的パワーと同一的パワーは基本的には「属人的なパワー」であり、個人的な能力や資質によるところが大きい。[iv] 影響力を検討する際には、公式な権限に基づく「ポジションパワー」と個人の能力・資質などに基づく「属人的パワー」の2つの側面で考えていかなければならない。

一例としてステークホルダーのパワーの有無・強弱を判断する際の観点を表4-2に

図4-6　パワーのタイプ

■**強制的パワー**
相手の要求に従わないと罰せられてしまうという認識が、影響を受ける側にあるときに生じる。脅したり命令したりすることによって人を動かす。

■**報酬的パワー**
相手が自分の報酬の有無や程度を左右する能力をもっていることを、影響を受ける側が認識している場合に生じる。物質的または精神的な報酬によって人を動かす。

■**正当的パワー**
相手が影響を及ぼすべき正当な権利をもち、影響を受ける側も自分はその影響を受け容れる義務を負っていると認識している場合に生じる。地位や役割によって人を動かす。

■**専門的パワー**
相手が特定の領域についての専門家であることを影響を受ける側が認知し、さらにその領域の専門性は自分よりも優れていると認識している場合に生じる。知識や技術、実績、経験によって人を動かす。

■**同一的パワー**
相手に対して影響を受ける側が魅力を感じ、一体でありたいと願うことを基盤として成立する。相手に対して感じる尊敬や親近感、愛着によって人を動かす。

整理した。こうした観点を参考にステークホルダーのパワーについて見極めるとよいだろう。

表4-2　ステークホルダーのパワーを見極める観点

分類		チェックポイント（例）
ポジションパワー	強制的パワー	・他の人または部署に命令できる立場にあるか ・他の人または部署の指導的な立場にあるか
	報酬的パワー	・他の人の評価や処遇に影響を与えることができる立場にあるか ・他の部署の評価や権益の拡大に影響を与えることができる立場にあるか
	正当的パワー	・他の人に影響を及ぼすことが認められているような立場にあるか ・階層的に高い地位に就いているか
属人的パワー	専門的パワー	・高い専門性をもっている人か ・専門性の希少性と有用性は高いか ・変革に関連する専門性をもっている人か
	同一的パワー	・周囲の人望が厚い人か ・リーダーと目されているか ・周囲にフォロワーが多くいるか

◇変革に対する態度を把握する

　次にステークホルダーが変革に対してどのような意識をもっているのかを確認する。一般にステークホルダーが変革に賛成するか、反対するかは、次の3つの要素によって決まる。

　＜既得権益の変化＞

　　通常、変革によって既得権益が失われる場合は変革に反対する。逆に、変革によって新たな権益が得られると判断した場合は変革に賛同する。具体的にはそのステークホルダーが変革によって、得をしたり、組織内に新たな権限を得たり、昇進昇格の機会を得る可能性があったり、組織の上層部に認められる可能性がある場合などは、そのステークホルダーの変革への賛成度が高くなる。一方、自らの権限が縮小されたり、新たな仕事が付加される場合などは、変革への賛成度は一般に低くなる。

　＜変革受容性＞

　　一般に人は「変わる」ことを好まないが、その度合は人によって異なる。「変わる」ことに対して抵抗感が小さい人は変革に賛同しやすいが、抵抗感の大きい人は内容の如何にかかわらず反対姿勢を示す。決められた枠組みや過去の慣例、従来のやり方にとらわれない、変化することを厭わない、自分と異なる意見も参考にする、新しい試みやアイデアを積極的に実行するなど、変化に対して肯定的なスタンスをもつ人は変革受容性が高いと考えられる。

　＜変革主導者との関係＞

　　変革に対する反応は、変革を中心となって推し進めている人物や部門との関係に左右される。その人物や部門との関係が良好な場合は変革に対して賛同することが多く、逆の場合は反対することが多い。ステークホルダーと変革を提唱している人や部門との間の関係に問題はないか、過去の出来事からくる感情的なわだかまりがないか、などがチェックの観点である。

◇タイプを分類する

　こうした影響力分析と態度分析の結果をもとに、ステークホルダーのタイプを分類する。タイプを分類することで、タイプに応じた働きかけの戦略を設計することができる。ここでは、以下のように全部で5つのタイプにステークホルダーを分類する考え方を紹

介しよう。(図4-7参照)

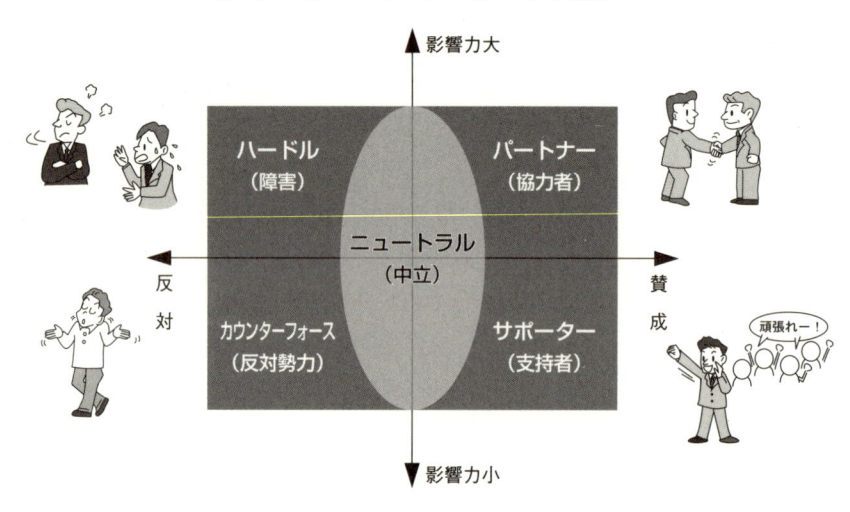

図4-7 ステークホルダーのタイプ分類図

```
                    影響力大
                      ↑
        ハードル     |    パートナー
        (障害)      |    (協力者)
                   ニュートラル
    反 ←――――――― (中立) ―――――――→ 賛
    対                                 成
      カウンターフォース | サポーター
        (反対勢力)     |  (支持者)
                      ↓
                    影響力小
```

（a） パートナー（協力者）
　変革の推進力となってくれる人たち。仲間として取り込み、積極的な協力を引き出していくとよい。
（b） サポーター（支持者）
　変革の進行度合を大きく左右することはないが、変革に対しては好意的な人たち。変革が進むにしたがって、その流れに同調するので、変革の進行状況を随時提示しながら、変革への理解を促進し、前向きな取り組みを促すとよい。
（c） ハードル（障害）
　変革を滞らせる最も注意すべき人たち。常に動向をチェックするとともに、時間をかけて粘り強く働きかけを行うことが必要となる。
（d） カウンターフォース（反対勢力）
　変革に同調せずに様々な抵抗を見せるが、大きな影響力はなく変革の進行度合を大きく左右することはない人たち。ただし、ハードルと結びつくことによって強固な力をもつこともあるので注意が必要。反対行動を起こさないよう、変革の必要性

を説きながら、懐柔するように働きかける。
（e）ニュートラル（中立）
　変革に対して明確な態度を示さない人たち。日和見的で特に明確な意見をもたないため、その時々の状況に流されることが多い。常に変革の必要性を説くことによって、賛成の方向に傾かせることが必要である。

　このように変革のステークホルダーを分析する、つまり「相手を知る」ことによって、やみくもに動くのではなく、働きかけるポイントと働きかけ方をきちんと押さえて動くことが可能となる。相手を知ってこそしかるべき対策を立てることができるのだ。

◆コラム４◆変化に遭遇した人の心理

　変革に直面すると、人はこれまで慣れ親しんだ世界から未知の世界へ踏み出すことを求められる。当然、様々な違和感や混乱に直面し、ストレスを感じる。
　マイナスの影響を受けることが多い「変化」を、人が本当の意味で受け容れるためには、ある程度の時間としかるべき段階を踏むことが必要であるといわれる。そこには、新たに始まる「変化」を一足飛びには受け容れられない人間の心理がある。こうした心理について、3つの段階に分けて理解しておきたい。

　第1段階は「変化との遭遇」である。ここで人は従来のやり方を捨て去らねばならないという現実に直面する。たとえば、ある仕事をITの活用によってシステム化していくという決定がなされた場合を考えてみよう。その仕事をこれまで担当してきた社員は、自分がこれまで培ってきた仕事上のノウハウに価値がなくなることに対する不満、慣れ親しんだ仕事そのものを失うことに対する恐れ、自身の先行きに対する強い不安などを感じるだろう。そして、そうした人たちの多くは「変化」に対して否定的な状態になる。実際にも、変革の初期段階では、変革に対して当初は抵抗の態度を示すことが当たり前である。

　しかし、しばらくすると、社員は徐々に冷静さを取り戻し、変化を理解しようとしはじめる。これが第2段階の「移行」である。たとえば、システム化されても自分の仕事のすべてがなくなるわけではないこと、自分の仕事の経験やノウハウは別の形でも活用できることなどに気づき、変化を理解しようとする。すべてが変わるわけではなく、過去の蓄積を生かせることに気づくことによって、「変革」への否定的感情が弱まる。

図4-8　変革に遭遇した人の心理

第1段階　変化との遭遇
　○従来のやり方を捨て去らなければならない現実と直面する状態
　○多くの場合は変化に対して否定的になる
　○当初は「変革」に抵抗の態度を示すのは当たり前

▽

第2段階　移行
　○冷静さを取り戻し、変化を理解しはじめる状態
　○自分の過去の蓄積も活用できると気づく
　○「変革」への否定的感情も弱まる

▽

第3段階　受容
　○変化を受け入れる状態
　○変化に主体的に取り組む
　○新しい目標に向けて「変革」へ積極的に参画する

　こうして、変化を受け容れ、変化に主体的に取り組みはじめる、第3段階の「受容」を迎える。IT化にあたって、できるだけよいシステムにするために、自分のノウハウや経験を再整理し、拠出するといった状態である。この段階では、過去への執着から自由になり、新しい目標に向けて変革に積極的に参画することができるようになる。

　このように、社員が変化を受け容れるまでには、一定の段階を経ることが必要である。また、変化の段階を通過していくスピードは人それぞれで異なる。今日の組織変革にはスピードが求められているのはもちろんだが、急ぐあまりに、性急に人々に変化を迫ることはかえって逆効果になる恐れもある。

　変革を推進する際、こうした組織メンバー個々の"変化の段階"を見極めつつ、相手に合わせた働きかけを行うことが必要になる。人は理屈だけで変わることはできない。心が変化を受け容れることなしには、本当に変わることはできないのである。

第4章：変革の勢力を拡大する

シーン5 ステークホルダーを分析する

●レビューセッション以後の状況

　井上社長をはじめ経営陣も出席したレビューセッションにおいて、チェンジ・エージェントチームが継続して検討・実行する課題として「あるべき営業プロセスの設計」「ソリューション営業の確立とその試験的導入」「SFAの定着化に向けた現場での営業担当者への啓蒙活動」の3つが決まった。

　チェンジ・エージェントたちは一旦それぞれの職場に戻ったが、間を置かず、商品開発を除く営業推進部と支店のチェンジ・エージェントが定期的に本社に参集し、人材開発セクションのスタッフも参加してワークショップを実施。コンサルタントの有田のファシリテーションのもと、ABCフーズとしての営業活動のプロセスモデル（ソリューション営業モデル）と、各プロセスで求められる営業コンピテンシー（期待される役割行動）の整理・体系化を行った。

　ワークショップでは、ABCフーズにとってのソリューション営業の定義、ソリューション営業のプロセスモデル、顧客の選別方法、顧客管理の方法などについて激しく議論した。そして、現場の営業担当者向けに、新しいソリューション型営業を実現するための職場勉強会用の『ソリューション営業マニュアル』を、支店マネジャー向けに、新しい営業スタイルに合わせた『マネジメントマニュアル』をそれぞれ作成すること、さらにこれらのマニュアルをベースに、自分たちの新しい活動スタイルを、自分たちの言葉で現場の他メンバーに伝道し、定着させていくことが決まった。

　ソリューション営業についてはまず西東京支店と東大阪支店において試験的に導入することになった。このうち東大阪支店のチェンジ・エージェントは営業1課の森谷と営業2課の神崎。2人はワークショップにおける激しい議論を通じて、ソリューション営業を展開する意味と重要性、その実行の必要性について十分に理解し、マニュアルづくりにも熱心に取り組んだ。

　問題は新たな営業モデルをどう現場に定着させるかである。支店のメンバーたちと新たな営業モデルを共有し、必ず成功させなければならない。しかし、その前途が多難であることは森谷も神崎もよくわかっていた。

図4-9 シーン5・6の登場人物

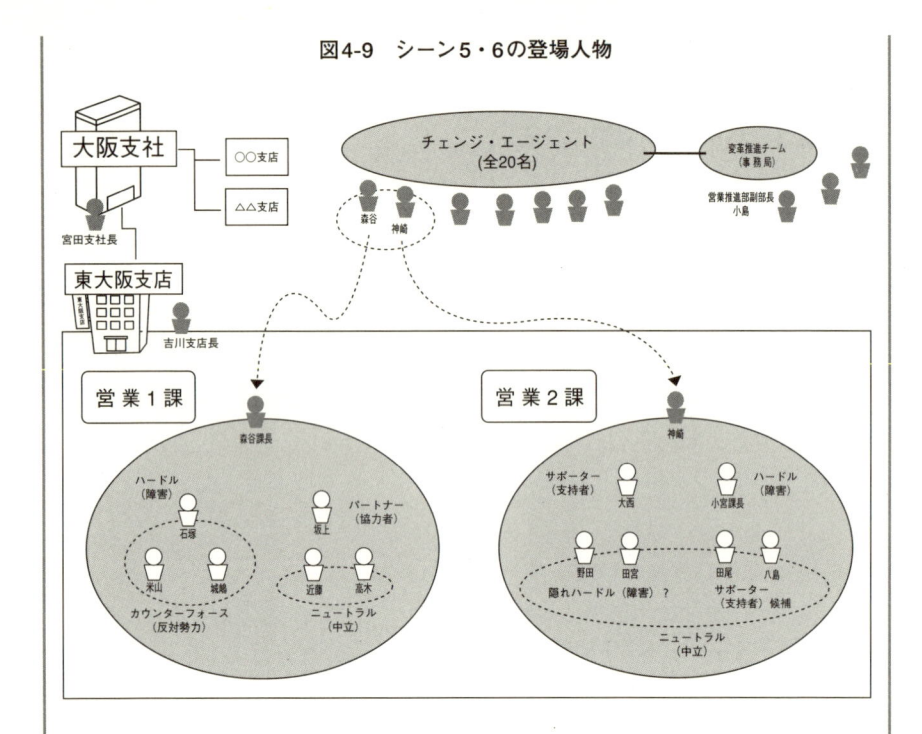

●「抵抗勢力」をどう説得するか

　営業1課には、森谷を除き6人のメンバーがいる。課長である森谷は、これまで毎月の課内ミーティングの場で、トップの井上社長が掲げる変革ビジョンと目指す方向性、進行中のワークショップの内容などをことあるごとにメンバーたちに伝え、情報共有に腐心してきた。

　中堅のホープであり、森谷の右腕となって1課を支えてくれている営業主任の坂上は今回の取り組みに深い関心を寄せ、前向きに考えてくれている様子である。しかし、それ以外のメンバーたちの反応は鈍かった。なかでも、森谷の話にあからさまに無関心を装っていたのが、キャリア20年を超すベテラン営業担当者の石塚だった。

　頑固だが人情に厚い石塚は人間関係重視の営業スタイルで実績を上げてきた。そんな石塚に一目置く若手メンバーもいる。特に入社6年になる28歳の米

山と、入社4年で26歳の城嶋は営業としてのキャリアが浅く、石塚への態度は崇拝に近い。石塚も2人をかわいがり、3人で飲みに行ったり、喫煙室で語らう姿がよく目撃された。

とはいえ市場環境が変化し、人間関係だけに頼った営業スタイルは、もはや通用しなくなってきている。実際、石塚の業績の伸びにはかげりが見える。従来のスタイルがだんだんと顧客に受け容れられなくなってきていることを、1課のメンバーのみならず、石塚自身も心のどこかでは感じ取っていた。それでも「今さら、自分のやり方を変えられるか」というのが本音だった。

石塚の営業スタイルを変えるのは容易ではない。しかし、影響力のある石塚が変われば他のメンバーも自然と変わっていくはずだ。「いかに石塚にソリューション営業を実践させるかが成否のカギ。また、今回の取り組みを前向きに考えている坂上をどう今回の取り組みに絡ませていくか。ここもポイントだ」。森谷はそう感じていた。

一方、マネジャーではない2課の神崎の場合、ポジションパワーを用い、メンバーを説得するということができない。さらに上司である2課長の小宮は、石塚とはタイプこそ違うものの自ら現場に出て数字を稼ぐバリバリのプレイング型だ。マネジメントについても、自分が率先して引っ張り、尻を叩き続ければ部下はついてくるものと信じて疑わないところがある。実績の高い有望株とはいえ、まだ若い神崎の声に耳を貸すとは考えにくかった。これまでも、変革プロジェクトのメンバーに選抜された神崎が本社に出張する際にも、「そんな会議に出るより現場を回れ」と嫌な顔をし、出張報告もろくに聞いてくれなかった。

さらに、神崎には頭の痛い問題もあった。小宮課長と、今回のプロジェクトの事務局長である営業推進部副部長の小島との関係だ。同期である2人はライバル意識が強く、2年前には、小島が小宮を制して本社営業推進部副部長に抜擢されている。神崎はこうした経緯を知っており、感情的にも、おそらく気持ちよく協力してくれないだろうことは想像がついていた。

●ステークホルダー分析でメンバーの色分けを行う

森谷も神崎もそれぞれが頭痛のタネを抱えている。しかし、それを乗り越えてソリューション営業を実現することが自分たちに課せられた使命であると強く自

覚していた。2人はまず、1課と2課合同の営業方針検討会議を開くことにした。目的は第1に支店としての一体感を強めること。そして、『ソリューション営業マニュアル』をもとに新たな営業モデルについて理解を深め、本音の議論を通じて、今後の東大阪支店の営業スタイルをどう変えていくか、その方向性を全員で共有することにある。そのため今回の会議では有田の同席は頼まず、自分たちで進めていくことにした。

　会議に先立ち、森谷と神崎は改めて1課と2課のメンバーたちの変革へのスタンスや関係性を整理しておくことにした。その際に用いた手法は、コンサルタントの有田に教わったステークホルダー分析である。これは、変革の関係者を洗い出し、変革へのスタンスや人間関係などを分析し、関係者をパートナー（協力者）、サポーター（支持者）、ハードル（障害）、カウンターフォース（反対勢力）、ニュートラル（中立）に分類して、対処法を考察するもの（＊詳細は本文pp.108～109参照）。2人は互いに情報を持ち寄り、この手法を用いて支店内のメンバー一人ひとりを分析していった。

　森谷はベテラン営業マンの石塚を、神崎は課長の小宮を、それぞれハードルとして挙げた。とくに、神崎のいる営業2課の場合、森谷の営業1課と異なり、パートナーになってくれそうな坂上のような存在は見あたらず、良くも悪くも小宮からの指示を待つ受動的なタイプが多かった。また、小宮課長に影響力のある支店長の吉川も、この時点ではどちらに転ぶかわからなかった。

　森谷は、むしろその上の宮田支社長のほうが味方になってくれる可能性が高いとみていた。今回のプロジェクト推進の事務局長である営業推進部の石崎部長と同期で、石崎からは、宮田支社長はこの試みには基本的に賛成で、東大阪で成功したら大阪支社の各支店に広げていこうと考えているようだとも聞かされていた。となると、かなりの確率でパートナーになってくれる公算が大きい。森谷は念のために、石崎に対して宮田支社長への最後のだめ押しを頼みたいと考えていた。

　そんなことを話し合いながら、2人は1課と2課のメンバーをタイプ分類し、ステークホルダーの関係性を図4-10のような絵にまとめた。

第4章：変革の勢力を拡大する

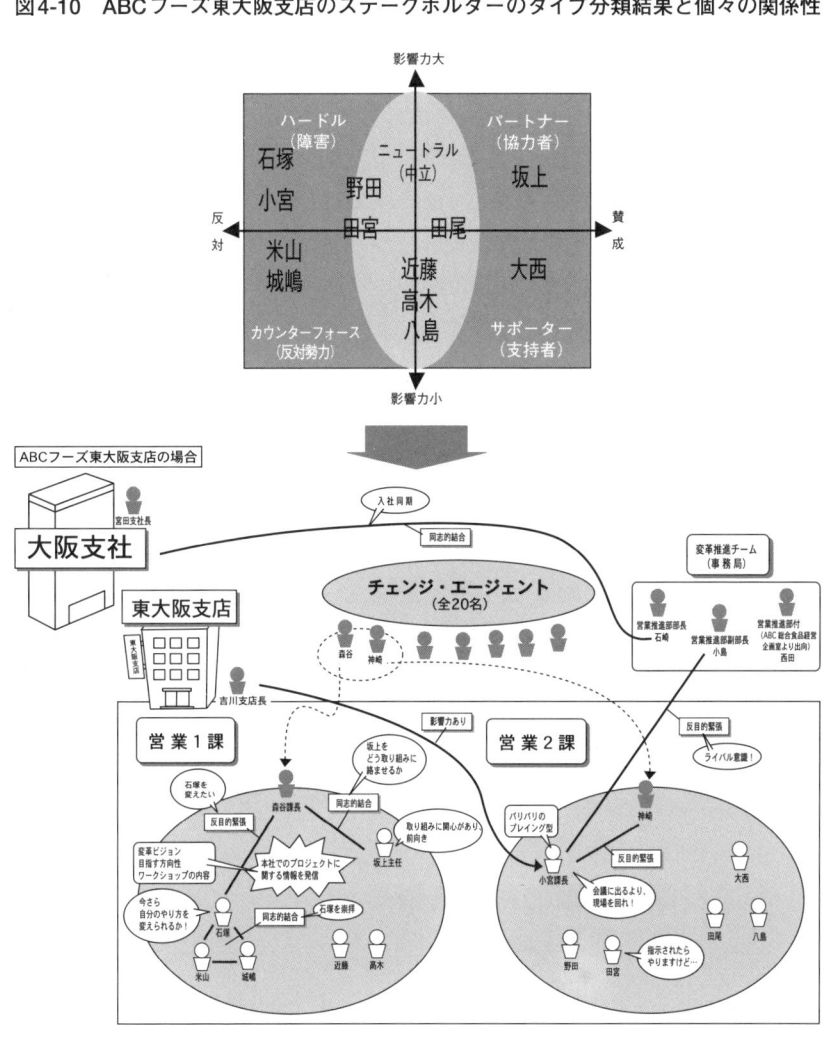

図4-10 ABCフーズ東大阪支店のステークホルダーのタイプ分類結果と個々の関係性

● 事前の説得活動で味方を増やしておく

　支社長の宮田の理解は心強いが、作成した絵をみる限り、やはり一筋縄ではいかないメンバーが顔を揃えている。周到な準備を整えて会議に臨む必要があることを2人は改めて実感し、事前準備について有田に相談することにした。有田のアドバイスは、まずサポーターとパートナーへの根回しに注力すること。吉

115

川支店長についても、会議への参加を打診する段階で「何らかの手を打ったほうがいい」と言う。
　その後、2人は営業方針検討会議の実施をそれぞれの課に通達した。予想したとおり、石塚と小宮は難色を示したが、東大阪支店長の吉川が参加するとあって参加を了承。しかし、最大のパートナーとなりそうな宮田支社長については日程が合わず残念ながら不参加となった。
　ミーティングの実施は1ヵ月後。それに先立ち、森谷と神崎は有田のアドバイスにしたがって、パートナーやサポーター候補と思われるメンバーに対して個別の説得活動を開始した。石塚や小宮などハードルやカウンターフォースと考えられるメンバーについてはとりあえず放っておき、こちらの意見を受け容れてくれそうなメンバーを味方にするところから始め、推進勢力の足場を固めようというわけである。

　2人は今回のプロジェクトに賛同し、自分たちとの関係性も良い、坂上と大西を味方に付けてから、ニュートラルと目されるメンバーを順次巻き込んでいくことにした。周囲に影響されやすいニュートラルたちにはできる限り早く理解してもらいたい。2人は慎重かつ入念にシナリオを練って説得活動を実行し、会議に向けて準備を進めた。

(2) 第2段階：変革の背景を説く

　現場を変えるための第2段階は「変革の背景を説く」ことである。
　変革に抵抗を感じている組織メンバーに対して、いきなり強制的な力で対処しようとすると、かえって反発して抵抗する者同士の団結を強めてしまい、逆効果になることが多い。また、変革に好意的もしくは中立的な組織メンバーに対して何もしないままでは、態度が変わってしまう可能性もある。チェンジ・エージェントは、変革に比較的好意的なメンバーや中立的なメンバーを確実に変革に巻き込むことで、変革推進の基盤をしっかりとつくり上げておかねばならない。そのためには、変革に向け組織メンバーを動機づけるアプローチが求められる。

図4-11　変革の背景を説く

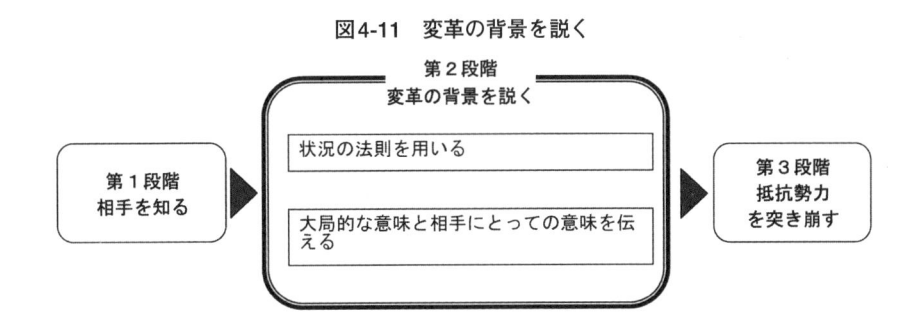

```
第1段階        第2段階               第3段階
相手を知る  →  変革の背景を説く    →  抵抗勢力
              ・状況の法則を用いる     を突き崩す
              ・大局的な意味と相手に
                とっての意味を伝える
```

状況の法則を用いる

　その際の基本となる考え方が「状況の法則」である。イギリスの経営学者M. P.フォレット氏によって提唱されたもので、「人はたとえ指示や命令であっても、その背景となる状況を合わせて伝えれば、それを屈辱感なしに受容できる」という考え方をいう。[v]

　つまり、指示や命令の発信元を「人」から「客観的状況」に転換することによって、「相手に一方的な指示や命令でやらされる」という屈辱的な気持ちから、「自分を取り巻く客観的状況がそれを要請しており、自分自身がその状況を理解し、納得して行動している」という前向きな気持ちに変えることができるというわけである。

　チェンジ・エージェントは現場を変えていく主体者には違いない。しかし、変革を成功させるためとはいえ、チェンジ・エージェントがあれこれ指示や命令を出していると感じられてしまうと、現場を変革に巻き込むことが難しくなる。組織メンバーを変革に向けて動機づけるためには、組織がおかれている客観的な状況が変革を要請していると感じてもらうことが重要なのである。

　したがって、チェンジ・エージェントは、この「状況の法則」に沿って、変革が求められている背景や状況を、変革に比較的好意的なメンバーや中立的なメンバーを中心に訴え、理解・納得させていくことが大切である。これはいわば"変革のシンパづくり"と言い換えてもいい。ただし、その際には以下の2つのポイントを押さえておくことが欠かせない。

大局的な意味と相手にとっての意味を伝える

　1つは「変革の大局的な意味を伝えること」である。「なぜ変革する必要があるのか」

「目的は何か」「どれくらい重要性が高いものなのか」などといった点についてきちんと説明する。2つ目は「相手にとっての意味を伝えること」である。「変革がそのメンバー自身にとってどんな意味があるのか」「変革すること（しないこと）によってメンバー自身にどのような影響があるのか」「変革活動という機会をどのように活かすことができるのか」などについて説明するのである。

　変革は新しい自分へと脱皮を図る活動でもある。つらいことや苦しいこともあるが、個人の成長にとっていい機会であることをきちんと話すことで、納得も得られやすくなる。

　こうした2つの点から変革の背景や状況を直接訴えることによって、変革に好意的な社員や中立的な社員、つまり先のタイプ分類（図4-7）でいうとパートナーやサポーター、ニュートラルはもちろん、うまくいけば比較的抵抗の弱いカウンターフォースからも、変革に理解を示し、前向きな取り組み姿勢を示すメンバーが増えてくる。

　ただし、チェンジ・エージェント自身がその背景や状況を本当の意味で理解し、熱意をもって説きつづけることなしには、他の社員の理解など得られるはずもない。熱意のないおざなりの説明では相手にもすぐに見抜かれてしまう。

　チェンジ・エージェントには、変革を「我が事」と受け止め、熱意をもってその意味と必要性を説き続けるエネルギーが不可欠である。そのためにも変革プログラムのスタート段階ではトップの議論を通じて変革の必要性や方向性についての理解を深め、

図4-12　状況説明の例

東大阪支店　営業1課　森谷課長から、坂上主任に対する状況説明の例

変革の大局的な意味を伝える
「現在のわが社の業績低迷状態を打破するためには、お客様の期待やニーズを把握し、それに応えていくソリューション営業への転換により、営業力を強化することが必要だ。その際、第一線で働き、お客様やわが社が抱えている問題の本質を最もよく理解・把握している我々現場社員の声に基づいてアクションプランをつくり上げることが、真の改革につなげるためには不可欠なんだ。」

相手にとっての意味を伝える
「お客様のニーズを把握し、的確な提案を行い、ご満足いただくということは、お客様から信頼を獲得することにつながり、今後の坂上さんの強力な武器になるはずだ。
また、職場メンバー全員で検討することで、他のメンバーの考え方やアイデアから様々な気づきがあり、それによってお客様に提供するサービスの幅が広がり、坂上さん自身のスキルアップにもつながる。
さらに、この活動で私の右腕としてリーダーシップを発揮してもらうことは、坂上さんが今後マネジメントを行っていくうえでのよい経験になる。」

自らの腹に十分落としておくことが必要となる。

(3) 第3段階：抵抗勢力を突き崩す

　現場を変えるための第3段階は「抵抗勢力を突き崩す」ことである。言い換えれば変革に抵抗している人々の態度を変えていく活動ということになる。現場の抵抗を突き崩し、より多くのメンバーを変革に巻き込んでいくためには一体どうすればよいのだろうか。

変革に対する態度を変える

　当初から変革に賛成し、ポジティブな態度を示す人はそれほど多くない。ネガティブな人が多数派を占めることが普通である。現場を変えていくためには、対象が個人であれ、集団であれ、変革に対するネガティブな態度をポジティブな態度に変えていくことが不可欠である。

　しかし、少数派であるチェンジ・エージェントが正面から立ち向かっていっても効果は限られる。少数派であることを踏まえて、働きかけの方法を工夫していかなければならない。

　心理学の研究から、少数派が影響力を発揮するためには「一貫性」が重要であることが明らかになっている。しかし、一貫性が重要だからといって、あまりに頑なな姿勢ではかえって反発を招く。部分的に相手に同調したりするなど柔軟に対応することも求められる。[vi]

　つまり、チェンジ・エージェントは、変革に反対するメンバーの状況にもある程度理解を示したり、部分的に同調したりすることによって反発を和らげながらも、変革の必要性に対しては一貫した姿勢を保ちつづけることによって、少数派としての影響力（マイノリティ・インフルエンス）を発揮していくことが必要となる。

◆コラム5◆少数派の影響力

　社会派の巨匠シドニー・ルメット氏が監督した『十二人の怒れる男』という映画がある。12人の陪審員が、17歳の少年の殺人容疑を審議する過程を描いた法廷ドラマで、そのストーリーは、当初11人の陪審員が少年を有罪としていたなかで、ヘンリー・フォンダ扮

する1人の陪審員が「本当に一点の曇りもないのか」と他の陪審員たちに繰り返し問いかけ、時には強く反発されながらも、一貫した冷静な主張によって反対意見を1つひとつ退けていき、最後は全員一致で無罪の評決を下すというものである。この映画でヘンリー・フォンダが示したのがこの少数派としての影響力である。

そして、少数派として影響力を発揮していくために重要になるのが、「説得的コミュニケーション」である。ここで具体的に説明しておこう。

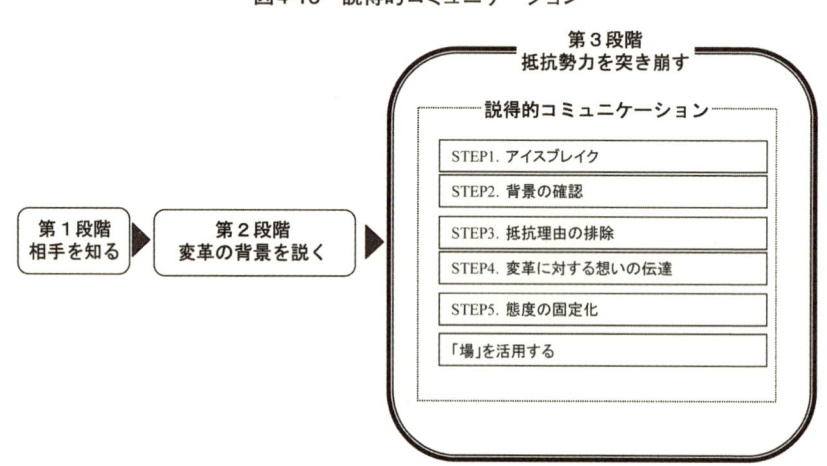

図4-13　説得的コミュニケーション

第1段階　相手を知る → 第2段階　変革の背景を説く → 第3段階　抵抗勢力を突き崩す

説得的コミュニケーション
- STEP1. アイスブレイク
- STEP2. 背景の確認
- STEP3. 抵抗理由の排除
- STEP4. 変革に対する想いの伝達
- STEP5. 態度の固定化
- 「場」を活用する

説得的コミュニケーション

人が変革に抵抗する場合には、何らかの理由がある。一見理由がわからないように見える感情的な抵抗であっても、本人が自覚しているかどうかはともかく、その裏には必ず「抵抗する理由」をもっている。変革に対して強い抵抗を示すメンバーの態度を変えるためには、彼らがもつ「抵抗する理由」、つまり「抵抗ニーズ」を明らかにしたうえでその解消を図らなければならない。そのためには、抵抗を示す個人や小集団に対して態度の変容を促す直接的な働きかけとして、個別の「説得」が必要になる。

そして、説得にはプロセスがある。プロセスを意識せず、やみくもに説得を行っても効果は限られる。我々は、変革への抵抗ニーズを排除するための説得プロセスを、表4-3のように整理した。心理学的な知見も踏まえたポイントを押さえながら対応することによって、説得を効果的に進めていくことができる。

表4-3　説得のプロセスと目的・ポイント

説得のプロセス	目的	押さえるべきポイント
STEP1.アイスブレイク	相手の気持ちをほぐす	・本題以外の話から始める ・相手に好意を示す ・説得以外の目的を告げる
STEP2.背景の確認	相手の抵抗の理由を探り出す	・反応スタイルを見極める ・質問を駆使する ・積極的に傾聴する
STEP3.抵抗理由の排除	変革を受け容れさせる	・小さな一歩を踏み出させる ・自分から譲歩する ・例を用いる ・権威を示す ・かけがえのない機会であることを強調する
STEP4.変革に対する想いの伝達	変革に対する共感を獲得する	・自分を主語にする
STEP5.態度の固定化	変革への不安を取り除き、確信に変える	・先手を打つ ・はっきりと約束させる

STEP1：アイスブレイク

このステップの目的は読んで字の如く、氷のように堅い「相手の気持ちをほぐす」ことである。ここでは、以下の3つのポイントを押さえることが必要になる。

① **本題以外の話から始める**

状況設定にも左右されるが、一般にこうした説得的なコミュニケーションを行う場合は相手も身構えていることが多い。そのため、いきなり本題に入るのではなく、本題と関係がなく、かつ相手が興味や関心を抱いている内容、たとえば共通の知人や趣味の話などから話を始めるように心がける。そのためには、事前に相手の情報をきちんと押さえておくことが必要になる。

② 相手に好意を示す
　人は自分を肯定的に評価している人に対しては、よい感情を抱きやすい。心理学ではこれを「好意の返報性」という。当たり前だが、意外に忘れがちなことでもある。まずは相手に対して、肯定的な姿勢を示すことを忘れてはならない。

③ 説得以外の目的を告げる
　心理学の研究から、「説得する」と"予告"されると、人は説得への抵抗感を増すことが明らかになっている。前もって反論や自分の立場の根拠について考えを巡らすことによって、説得に対する備えができるからである。こうした状況を避けるために、説得する相手には説得以外の目的を伝えるほうがよい。「仕事の相談に乗ってくれませんか」「アドバイスをもらいたいのですが」などと説明しておくと必要以上に相手を構えさせずにすむ。

STEP2：背景の確認
　このステップの目的は、「相手の抵抗の理由を探り出す」ことである。ここでは「反応スタイルを見極める」「質問を駆使する」「積極的に傾聴する」という3つのポイントを押さえておかなければならない。

① 反応スタイルを見極める
　一口に変革に抵抗するといっても、その現れ方は一様ではない。人によって、様々な反応を見せる。ここでは変化に抵抗する人々の反応について「感情攻撃」「現状固執」「現実逃避」「面従腹背」の4つの反応スタイルに分けて、その特徴と対処方法をまとめておく（図4-14参照）。
　変革に対する否定的な反応はおおよそこの4つに大別できる。そして、これらは複数が組み合わさって現れることもある。チェンジ・エージェントはこのような反応のタイプをきちんと見極めて対処しながら、相手の抵抗の理由を探り出さなければならない。

② 質問を駆使する
　抵抗の理由を探り出すためには、様々な観点から質問を投げかけ、情報を引き出

第4章：変革の勢力を拡大する

図4-14　抵抗の4つの反応スタイルと対処法

感情攻撃型
変化に対する恐れや不安からくる怒りの感情を、批判や避難、侮辱を感じさせる言い方によって、強くぶつけようとするタイプ。

⇒論理的ではないが、周辺メンバーの感情を煽り、巻き込んでいこうとする力が強い。こうした反応に対しては、相手の溜まっている感情を意図的に爆発させてあげることが有効になる。できるだけ話を聴き、感情を開放させてあげることが重要である。

現状固執型
変革を真っ向から否定し、自分のこれまでのやり方をひたすら押し通そうとするタイプ。

⇒比較的戦略的で、揚げ足をとったり、ささいな点を大きく取り上げて非難したりして変革の足を引っ張ろうとする。こうした反応に対しては、相手の要望や主張を受け入れる用意があることを伝えることが有効になる。変革によって自分の存在価値が低下することに対する不満が強いので、相手の面子を立て、安心感を与えてあげることが重要である。

現実逃避型
ひたすら現実を避け、自分の殻に閉じこもってしまうタイプ。

⇒無視や先送りなどによって、問題を一時棚上げにし、嵐が過ぎ去るのを待つという姿勢をとる。強力に抵抗することはないが、自分からは決して動かない。こうした反応をする人に対しては、心を閉ざす理由を開示させ、それをしっかりと受け止めて、解決に向けてともに歩を進めようとする姿勢を示すことが有効になる。

面従腹背型
表面的には変革を受け容れ、協力しているように見せるが、裏で陰口をたたいたり、変革推進側の依頼を無視したりするタイプ。

⇒正面きった抵抗はなく、非協力的な態度を指摘されると謝って取り繕うこともあるが、実際は全く賛同していない。こうした反応に対しては、まず個人的な信頼関係を築き、「この人には本音を話そう」「この人は裏切れない」と思わせることが有効になる。

図4-15　オープン質問・クローズド質問の事例

東大阪支店　営業1課　森谷課長から、石塚に対する質問の例

森谷「石塚さんは、これまでの自身の営業スタイルを今後も続けることに問題があると思いますか、ないと思いますか」(**クローズド質問**)
石塚「特に問題ないと思いますが……。」
森谷「それはABCフーズにとってですか、それともお客様にとってですか？」(**クローズド質問**)
石塚「両方にとってです。」
森谷「では、なぜソリューション営業に転換する企業が増えていると思いますか？」(**オープン質問**)
石塚「皆、困っていて、たまたま成功した会社のやり方に飛びついたからじゃないですか。」
森谷「ということは、石塚さんは特に困っていないということですか？」(**クローズド質問**)
石塚「ええ。ただ自分なりに結構努力していますよ。」
森谷「具体的にどのような努力をしているのですか？」(**オープン質問**)
石塚「よい人間関係の維持のために、得意先にはできるだけ足繁く訪問するよう、努めています。これまでの営業経験から、成果をあげるにはそれが一番だと確信していますからね。」

さなければならない。質問には相手の答え方が自由なオープン質問（拡大質問）と、回答の範囲が限定されるクローズド質問（限定質問）の2つがあり、うまく組み合わせ

て使いこなすことが必要になる。相手のおかれている状況や変革に対する考えなど、抵抗の理由を、質問を駆使して引き出していくのである(図4-15参照)。

　具体的には、答えやすいクローズド質問からはじめ、相手が安心感をもったらオープン質問に切り替えていく。あまりクローズド質問を続けると、相手が詰問されているような印象をもち、防衛的にさせてしまうので注意が必要である。

③　積極的に傾聴する

　抵抗の理由を探り出すためには、相手の話をよく「聴く」ことも大切になる。「聴く」とは相手の言動を単に受動的に「聞く」ことではない。感情も含めて共感的に耳を傾けること、つまり「積極的傾聴(Active Listening)」である。

　これは、相手のおかれた立場やこれまでの経験を尊重し、内容に評価を加えずにそのまま受け容れることを意味する。相手の話を理解し、共感していることを示すためには、相手に対して事実や感情、身振りなどのフィードバックを適宜行うことも必要である。

　注意すべきポイントは、相手の話をすぐ評価したり、判断したりしないこと、また、相手の話の内容やその態度に納得できなくても、感情的にならないことである。

STEP3：抵抗理由の排除

　このステップでは、ステップ2で把握した抵抗の理由を取り除き、変革を受け容れてもらうことが目的となる。もっとも重要で、かつ困難な段階である。

　相手に変革を受け容れてもらうには、「抵抗ニーズ」に焦点を当て、それを解消するための解決策を創出することが必要になる。そのためには動員可能なリソースをすべて活用しなければならない。

　たとえば、変革に対する抵抗の理由が「自分の仕事がなくなってしまうことに対する不安」だったとしよう。この場合は「新たな仕事が確実に存在すること」、またそれに向けて「必要な再教育の機会が用意されていること」、何より「相手が組織にとって必要な人材であること」などを担保し、説明することが、相手の不安を除去し、抵抗の理由を取り除くことにつながる。

　また、抵抗理由を直接的に取り除くことができない場合は、「第3の道を探す」ことも必要になる。第3の道とは、どちらか一方が折れる、つまり納得したり、妥協したり

するのではなく、双方のニーズを満たすための新たな方策を創出することを意味する。そもそもの目的に立ち返ったり、発想の転換を図ったりすることによって、それまでの対立構造を超えて双方が折り合える着地点を見つけ出すのである。

　たとえば、「新しい生産方式の導入が現場のやり方にそぐわない」ということが抵抗の理由であったとしよう。実情を聞いていくともっともな部分も多く、なかなか抵抗の理由を取り除く手がかりがない。といって、生産方式の転換は組織的な命題であり、チェンジ・エージェント側も元の方式に戻すわけにもいかない。こんな場合は第3の道を探すことになる。具体的には、現場の意見を反映し、新たな生産方式を改良していくための検討会を設置するなどといった解決策が考えられる。

　決して新奇な方法ではないが、こうした状況でお互いの立場ばかりを主張し続けた結果、感情的な対立に発展してしまうことも多い。そうならないためにも、そもそもの目的に立ち返り、二極対立の構造を変えて、お互いに折り合える着地点を見出す努力が重要なのである。

　こうしたなか、重要なポイントになるのがいかに相手の承諾を得るかである。その方法についてはこれまで心理学でもいろいろな形で研究が行われてきているが、アメリカの社会心理学者であるロバート・チャルディーニ氏はそうした様々な方法の背後に「人が承諾しやすくなる条件」があるとして、それを下記の5つのパターンに集約して示している。[vii]

・ある立場を一度受け容れてしまったあと、その立場と一致した要請をされたとき
・承諾することが相手の行動に対する返報（お返し）となるとき
・自分と似た人が要請されたのと同じ行動をしているとき
・正当な権威をもつ人から要請されたとき
・めったにない機会だと感じたとき

ここでは、この考え方に沿って、「相手の承諾を得るためのポイント」について整理しておこう。

① 小さな一歩を踏み出させる
　私たちは一度ある要請を受け容れてしまうと、それ以降はその立場を維持しようと

して、同様の要請を受け容れやすくなる傾向がある。そのため、最初からすべてを要求するのではなく、当初はできるだけ受け容れやすい依頼を出し、それを一度受け容れてもらったあとに、さらに追加していくようなやり方をとることが効果的である。これを「フット・イン・ザ・ドア・テクニック」という。

　たとえば、「とにかく新しいシステムの説明会に参加だけでもしてもらえませんか」などと依頼し、相手から承諾を得たあとで、タイミングを見計らって「せっかく参加してもらえるなら説明会の内容を他のメンバーにも伝えてもらえませんか」などとさらに一歩進めていく。とにかく、まずは受け容れてもらうこと。「小さな一歩を踏み出させる」ことが重要である。

② 自分から譲歩する

　私たちの社会には、人から価値のあるものをもらうと、それと同程度のものを相手に返すことを当然とする習慣・規範がある。たとえば、人はだれかに助けてもらったら、いずれその人にお返しをしなければならないと感じるものだ。これを「返報性の規範」という。変革に抵抗するメンバーを説得する場合も、いきなり相手に譲歩を求めるのではなく、まずチェンジ・エージェント自らが何らかの譲歩を示すことで、こうした返報性を期待することができる。

　たとえば、最初に無理だと思われるような要求を投げかけてそれを後退させる(これを「ドア・イン・ザ・フェイス・テクニック」という)、嫌がられる役目を引き受ける、相手の要求の一部を受け容れたりする、といったことが考えられる。

③ 例を用いる

　人は自分と似た人と同じ行動を取りやすい傾向があるといわれる。たとえば、あなたが30代の男性だとしよう。「30代男性のほとんどが300万円以上の貯金をしています」などといわれたらどうだろう。実際にできるかどうかはともかく、自分もやらなければならないような気がしてくるのではないだろうか。

　変革に抵抗するメンバーを説得する際にも、当初は同じような理由で抵抗しながら、のちに協力姿勢に転じた人や、相手と共通項をもつ人などを引き合いに出し、「○○さんもやはり最初はそういわれていましたが、今ではずいぶん力を貸してもらっています」などと話すことが効果的である。

④　権威を示す

　私たちは、何らかの権威をもつ人の発言については、その内容にかかわらず、信用したり、承諾したりしがちである。専門性の高い情報システム部門のメンバーに「システム上、それはできない」などといわれると、何も疑わずに素直に納得してしまったりする。チェンジ・エージェントが相手を説得する場合も、著名人、トップやミドルマネジャー、外部のコンサルタントなど、権威をもつ人の発言や意見を引き合いに出したりすると説得の効果を高めることができる。

⑤　かけがえのない機会であることを強調する

　今を逃がすともう次はないと思えるような機会に直面したとき、私たちは何とかそのチャンスを獲得しようとする。テレビショッピングの例などを考えればわかりやすい。「100名様限定で、今回にかぎり特別価格でご提供します」などといわれると、それほど必要ではない商品でも、つい買いたくなるものだ。「今この時期を逃すともう変革は期待できない」「これが最後のチャンスだ」「あなたにとって、この変革に協力することは得がたい経験になるはずだ」などと、変革の機会の貴重さを強調することが効果的である。

STEP4：変革に対する"想い"の伝達

　このステップの目的は、変革に対する「共感を獲得する」ことにある。変革に抵抗する理由を取り除いただけでは、抵抗がなくなったにすぎず、まだ協力を引き出すまでには至らない。チェンジ・エージェント自身の変革に対する想いを伝えることによって、相手の共感を引き出し、変革への前向きな姿勢を引き出すことが必要である。

　ここでのポイントは「主語を"私"にすること」、つまり「私メッセージ」を使うことである。「私メッセージ」とは、「自分がどのように感じているか」「なぜそのように感じているのか」「どのようにして欲しいのか」という、「感情」「説明」「依頼」の3つの要素をミックスしてメッセージを発信する方法である。[viii]

　相手に対して「こうしろ」「ああしろ」というのではなく、チェンジ・エージェントが自分自身の変革に対する想いを率直に伝えることで、メッセージが攻撃的にならず、相手の共感を獲得することが可能になる。ただし、そこに本当の意味で、チェンジ・エージェントの"熱い想い"がこもっていなければならないことはいうまでもない。

STEP5：態度の固定化

　最後のステップの目的は、変革への不安を取り除き、「確信に変える」ことである。抵抗の理由が一応取り除かれ、チェンジ・エージェントの思いが伝わったとしても、完全に納得したり、不安がなくなったりすることはほとんどない。むしろ、しばらくすると「やはり変革には反対すべきではないか」などという考えが復活してくることのほうが多い。それを未然に防ぐために、最後の段階では態度の固定化を図らなければならない。そのためのポイントは2つある。1つは「先手を打つ」こと、もう1つは「はっきりと約束させる」ことである。

①　先手を打つ

　「先手を打つ」とは、想定される迷いや、周囲から耳に入るであろう変革への反対意見を、あらかじめチェンジ・エージェントが投げかけて、相手に反論を考えさせておくことを意味する。こうすることで、"変革反対派"から何らかの説得を受けた場合などでも、説得されにくくなる。心理学ではこれを予防接種に見立てて、「接種効果」[ix]と呼ぶ。

②　はっきりと約束させる

　人間はひとたび何かに賛成を表明すると、その立場を守り続けようとする。一見したところ何でもないような小さなコミットメントでも、後の行動を大きく縛るといわれている。言い換えれば、人は明確に意思表示をすると、その内容に沿って行動する可能性が高くなるということだ。

　チェンジ・エージェントが組織のメンバーに変革を働きかけていく際にも、まず組織メンバーに明確に変革に向けた意思表示をさせたり、文書でコミットメントを示させたりすることが有効である。

◆コラム6◆認知的不協和理論—自己説得を促す

　社会心理学者のレオン・フェスティンガー氏が提唱した「認知的不協和理論」によれば、人は心のなかに相矛盾する2つの認知があると、「認知的不協和」という不快な緊張状態に陥る。そして、その不協和を軽減しようとして、協和的な状態を獲得したり、不協和を増大させると思われる状況や情報を進んで回避したりするという。

抵抗理由の排除がうまくいかなかったり、なかなか説得の機会をもてない場合などには、この理論を応用して抵抗するメンバーに自分自身を説得させるというやり方がある。つまり、変革に抵抗しているメンバーに、多少無理にでも協力的な行動を取らせ、そのメンバーの心のなかに認知的不協和状態を生じさせることによって、それを解消するために自分で自分を説得してしまうような状況を作り出すのである。たとえば、新しい仕事のやり方に対して反発しているメンバーがいたとする。彼は慣れていることもあり、これまでのやり方の方が効率的だと主張して、一向に新しいやり方を取り入れようとしない。そこでちょっとした仕掛けをして、無理やり新しいやり方で仕事をさせてしまう。すると、彼のなかに不協和が生じる。つまり、新しいやり方に対する否定的な態度と、実際に新しいやり方をやってしまったという認知の間で矛盾が生じることになる。

　この矛盾を解消するために彼は「これまでのやり方がベストとは限らない。より良いやり方があれば取り入れるべきだ」などと自分自身の態度を変えようとする、つまり自分の行為を正当化するために、自分で自分を説得するのである。このように、抵抗しているメンバーに、その態度と矛盾する行動を何らかの形で取らせることによって、自己説得を促すという方法はうまくやると非常に効果的である。

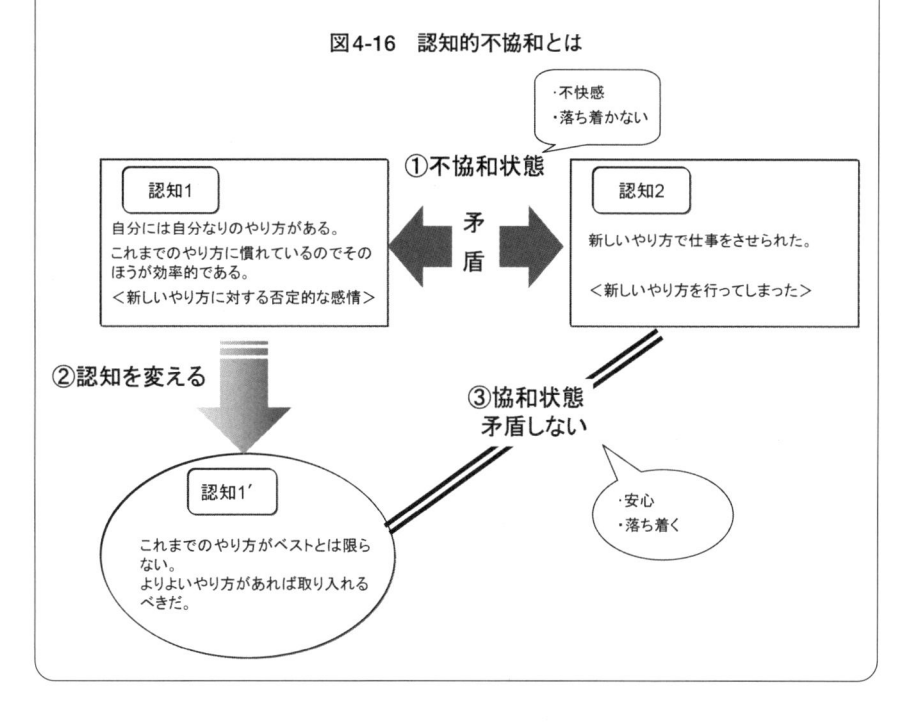

図4-16　認知的不協和とは

①不協和状態

・不快感
・落ち着かない

認知1
自分には自分なりのやり方がある。
これまでのやり方に慣れているのでそのほうが効率的である。
＜新しいやり方に対する否定的な感情＞

　　←　矛盾　→

認知2
新しいやり方で仕事をさせられた。
＜新しいやり方を行ってしまった＞

②認知を変える

③協和状態
矛盾しない

・安心
・落ち着く

認知1′
これまでのやり方がベストとは限らない。
よりよいやり方があれば取り入れるべきだ。

「場」を活用する

　以上見てきたように、個別の説得は有効ではあるが、チェンジ・エージェントにかかってくる物理的・時間的な負荷も大きい。現実場面では、組織メンバーに新しく決まったことを伝え、理解を得ていく際に「会議」や「説明会」など、組織内の様々な「場」を活用していくことが多いだろう。こうした「場」を活用した変革の伝達においては、個別の説得とはまた違った点に留意しなければならない。逆に「場」をうまく活用できれば、より効果的かつ効率的に現場に変革の内容や意味を浸透させていくことができる。

　最後に、「場」を活用して変革に対する理解を促進するためのポイントを2つ紹介しておこう。

◇個別説得のステップを応用する

　前述した説得のステップは、基本的には1対1の直接的なコミュニケーションを想定したものであるが、「場」における議論を導く場合にも応用が可能である。「アイスブレイク」から「態度の固定化」にいたるまでの5つのステップとそれぞれのステップで押さえるべきポイントをミーティングなどの場でうまく使いこなすと、とても効果的である。

　その際、注意すべきことは、「場」では複数のメンバーがいるため、背景や抵抗の理由などがそれぞれ異なるということである。それぞれの理由に対して1対1で対応していては、かえって混乱する。

　こうした混乱を避けるには、チェンジ・エージェントがうまく議論を導いていくことが必要になる。たとえば、あるメンバーから投げかけられた質問や抵抗意見に対しては、チェンジ・エージェントが直接答えるのではなく、他のメンバーに問い掛けて解決を図るか、あるいは一旦集約し、全員でその解決策を考えるなどの方法が考えられる。さらには、変革を推進するためにはどうしたらいいかについて、抵抗する人も含めて、はじめから全員で考えさせるという方法もある。これは心理学的にも効果が実証された自己説得の方法の1つである。いずれにしても、変革に協力的な人をうまく活用しながら、全体で議論し、個々の抵抗理由を取り除いていくように進めることが大切である。

◇集団の特性を理解する

「場」には複数のメンバーが集まる。したがって、「場」を活用する場合は、集団のもつ特性や個人には見られない集団特有の心理についても考慮しておかなければならない。

「場」を活用するにあたって知っておくべき集団の特性について3つほど挙げておこう。

（a）多数派の圧力

集団のなかで多数を占める意見に対して異なる意見を述べるのはかなり勇気がいる。自分の意見に確固たる自信をもちきれていない場合はなおさらである。つい多数派の意見になびいてしまうことは心理学における実験でも明らかにされている。[x] その一方で、1人でも味方がいるとこうした同調行動が抑制されることもわかっている。

チェンジ・エージェントが「場」を活用するときには、まず変革に賛同する人が多数派を占めるような状況をつくることが基本となる。そうすれば少数派の抵抗勢力が「同調圧力」によって態度を変える可能性があるからである。逆に、変革に賛同する人が少数派の場合は、チェンジ・エージェントができるだけ味方につき、変革に対する前向きな意見を臆せずに表明できるような雰囲気をつくり出すことが必要になる。

（b）集団極化現象

集団における意思決定は、個人で行うものよりも極端になりやすい。こうした現象を「集団極化」（リスキーシフト）という。組織変革の例でいえば「失敗する危険性を全く考慮せずに性急に大幅な改革を進めようとする」、あるいは逆に「失敗の危険性ばかりを指摘して何もせずに現状を維持しようとする」といった極端な意思決定が行われるようなケースである。この場合、リスクが高いほうにも、リスクが低い（保守的な）ほうにもシフトは起こりうる。

こうした現象が起こるのは、相互作用を通じてリスキーな主張に同調したり、他の人の考え方に刺激されて、それを上回るように自身の考え方を変えたりすることが主な理由だとされる。また、集団の意思決定は必ずしも個人が責任を負わないために大胆になりやすいことも一因である。

チェンジ・エージェントが場を活用する際には、こうしたリスキーシフトが生じない

ように、議論の流れをみながら、必要に応じて議論のバランスをとるような介入を行うことが必要になる。

(c) 集団浅慮

　上記の2つを含め、集団が何らかの意思決定を行うプロセスにおいては、参加者1人ひとりがもっている冷静な思考能力が失われ、賢明な決定がなされないことがある。これを「集団浅慮」(グループシンク)という。場合によっては、どんなに必要性が高い変革で、推進していくことが当然のように思えるものでも、まったく反対の結論になることもある。「場」を活用する際には、集団の意思決定は必ずしも質の高いものではないということを念頭に置いておく必要がある。

　ここまで、チェンジ・エージェントが現場を変えるための方法論について「相手を知る」「変革の背景を説く」「抵抗勢力を突き崩す」という3つの段階に沿って具体的に見てきた。

　現場に介入し、組織メンバーの意識を変えていくのは簡単なことではない。骨の折れる仕事であり、粘り強さと忍耐力が欠かせない。しかし、トップが打ち出す方向性に合わせて、すばやく現場、すなわち組織メンバーの意識や行動を変革できてこそ、構造的変化の時代に勝ち残ることが可能になる。

　その現場を変える核となるのがチェンジ・エージェントである。現場の変革は、現場を知り抜き、変革の方向性をトップと共有したチェンジ・エージェントの存在なしではありえないのである。

シーン6　抵抗勢力を突き崩し、変革を推進する

●全員が納得した形で自ら実行に移したい

　営業方針検討会議の日がやってきた。参加者は15人。1課と2課のメンバー全員のほか東大阪支店長の吉川も出席した。

　有田から会議の進行についてもアドバイスを受けていた森谷と神崎は、まず今回のミーティングの主旨を簡単に説明した。続けて、アクションプランの作成とトップへの提言、さらにはそこで決定された「あるべき営業プロセスの設計」という課題に基づいて議論が重ねられたことなど、これまでの変革プロジェクトの経緯

を紹介した。そして、そうした経緯を経たうえで、会議に先立って参加者全員に渡していた『ソリューション営業マニュアル』が完成したことを説明した。

マニュアルの内容について、2人は「市場の実態に即した効果的な営業スタイルである」と自信をもっていた。とはいえ、それをそのまま現場の営業担当者たちに押し付ける気はない。押し付ければ「やらされる」という気持ちをもたせることになりかねないからだ。それよりも、マニュアルをもとに、「東大阪支店のあるべき営業プロセスとは何か」を現場のメンバーに考えてもらい、全員が納得した形で、自ら実行に移すという形にしたかった。

森谷は、現場を取り巻く市場環境の変化に触れ、顧客の期待がこれまでとは変わってきていること、ここで従来のやり方から脱し、顧客を重視した提案型の営業スタイルに変えていかなければABCフーズは衰退していく一方だろうと語った。そして、変革の意味や重要性、その目的、このプロジェクトが現場のメンバーたちにとってどのような意味をもたらし、どのような結果を手に入れられるのかなどをきちんと説明したうえで、次のように締めくくった。

「完成したマニュアルを皆さんに押し付けようというのではありません。むしろ、本音で意見をいろいろとぶつけ合い、ABCフーズ東大阪支店のあるべき営業モデルを、ぜひこの場で一緒につくり上げていきたいのです」。

しかし、森谷の力強い言葉を聞いても、場の雰囲気は一向に盛り上がらない。事前に働きかけていた坂上や大西こそ時折小さくうなずいていたが、大方のメンバーはしらけた顔や半信半疑の表情で森谷を見つめるばかりだった。

●賛成派、反対派真っ二つに分かれての議論

営業マニュアルの内容について一通りの説明が済んだところで、2課最大のハードルと目していた小宮がおもむろに口を開いた。「そもそもソリューション営業なんて必要なのか。今のままで十分じゃないか」。続いて1課の石塚や石塚を崇拝する米山がきつい口調で否定的な意見を述べた。「新たな営業プロセスとやらを取り込んだところで、どう転ぶかわからない。自分は得意先から大きな信頼を得ている。今のやり方で何の問題もない」「はっきり言って、そのマニュアルは机上の空論。石塚さんのように、現場での実感に基づいた営業活動のほうがよほど成果に結びつく」。

こうしたハードルたちからの反応はある程度予想がついていたこと。これに対して神崎が「しかし、数字が落ちてきているのは事実です。今の営業スタイルを続けていてはジリ貧になるのは目に見えています。市場は大きく変わってきているんです。今後は顧客の期待やニーズに応えていく戦略的ソリューション営業が大事になってきます。それを実現することによって、顧客もABCフーズも、そして現場で動く私たちも、ともにWIN－WINになれることは間違いないんです」と反論すると、オピニオンリーダー的な大西が「言葉を換えれば、そうした営業ができないところは生き残れない、ということだね」と続いてくれた。

　もちろん、小宮や石塚も黙っていない。「数字の伸びが悪いのは現場の努力が足りないからだ。現に、足を使い、汗を流して得意先を回っている連中は、それなりの成果を上げている」「科学的営業なんてことが言われているが、結局営業という仕事は人と人とのつながりが命だ」と自分たちのやり方の正当性を主張する。すると、今回のプロジェクトについて前向きに考えている1課の坂上が「現場での実感が大切と言うが、顧客の期待やニーズ、要望はどんどん複雑化している。しかもそれにきちんと応えてもらいたいと考えている得意先が増えているというのが僕の実感。ソリューション的発想は必要不可欠だよ」と米山の顔を見ながら訴えた。

● "守旧派" には強いプライドと自負がある
　森谷らチェンジ・エージェントとハードルとの間で火花が散り、それぞれにパートナーとカウンターフォースが加勢して、冒頭から激しい応酬が続いた。この間、近藤や高木、野田や八島などニュートラルのメンバーたちは黙したまま成り行きを見守っていた。あからさまに抵抗や反対はしないものの、積極的に賛同の意を示すこともしない。

　彼らにしてみれば、顧客との関係強化や新規顧客の開拓のためには顧客の課題解決につながるようなソリューション型セールスの展開が必要であろうと何となく思ってはいた。しかし、いかんせん経験したことのない営業パターンである。これまでの営業のやり方を転換して取り組むほどの価値があるかどうかとなると、まだまだ半信半疑。「ここは様子見を決め込んだほうが得策」と判断したのだった。

ニュートラルたちが形勢を見守るなか、両者の議論は続く。1課の石塚は内心、自分の営業スタイルが通用しなくなりつつあることを実感している。しかし、これまで第一線で活躍し続けてきたベテラン営業担当者としてのプライドと自負があるために、新たな営業スタイルを頑として認めない。2課の小宮課長にしてみれば、ライバルである小島が推進するプロジェクトにどうして自分が、という感情がベースにある。その思いから、「そもそも本社が進めるプロジェクトにはロクなものがない」とまで言い出した。

　一方、ソリューション型セールスにはSFAの活用が不可欠だが、このことも、小宮と石塚が抵抗を見せる要因となっていた。森谷が「SFAを活用すれば、スピーディかつ確実に顧客の問題解決が図れる」と発言すると、今度は石塚が「あんなもの、入力に手間がかかるだけだ。現場では使えない。少なくとも自分にとっては無用の長物だ」と反論。「石塚さんはSFAが実際の活動に役立っていないとおっしゃいますが、何か理由があるんですか？　同業他社でも取り入れて成果が出ているようですし、効果がないと言い切ってしまっていいんでしょうか？　多少の手間はかかるかもしれないけど、うまく使えばきっといい効果も出ると思いますが……」森谷も再度反論を試みた。

　こうして森谷は石塚の抵抗を取り除こうと努力するが、当の石塚は頑として受け付けない。

　議論は全く平行線をたどり、ただ時間だけが過ぎていく。

● **上司を巻き込み、メンバーを個別に説得する**

　午後の話し合いもプロジェクトメンバーと抵抗するメンバーの間で意見が全くかみ合わない。しかも悪いことに、石塚が何か吹き込んだのか、午前中はそれほど抵抗しなかった1課の米山と城嶋の2人がカウンターフォースとなって、積極的に小宮や石塚の援護を始めたのである。

　一方で、坂上や大西が根回しをしたらしく、成り行きを見守るだけだった1課の中堅メンバー近藤が今回の取り組みへの賛同を口にし出した。双方ともに援軍が増えたような形だが、それだけに議論はなかなか集約していかない。

　しばらくして、吉川支店長が声を上げた。

　「このまま対立していても埒があかない。ここはひとつ、マニュアルに記載さ

れている方法をしばらく試してみてはどうだろう。何もしないまま、効果のあるなしを議論しても意味がない。結果次第で支店としての営業モデルを検討していけばいいじゃないか」

　実は吉川は、会議への参加を打診された際に、森谷から営業スタイルの転換の必要性やそれにかける熱い想いを伝えられていた。そのうえで、「ミーティングが行き詰まった際には試行の機会を与えてほしい」と頼まれていたのである。

　支店トップの提案では、小宮や石塚も強く異論を唱えるわけにはいかない。納得したわけではないが、「お手並み拝見」といった面持ちで、ひとまず静かになった。

　吉川の提案で、マニュアルに沿い、ソリューション営業を実際に展開するプロジェクトチームは、リーダーを森谷、サブリーダーを神崎とし、残りのメンバーは今回の取り組みに賛同の意を示した坂上、大西、近藤で構成することとなった。

　結果として営業方針検討会議はうまくいかなかった。それもそうだろう。井上社長と1対1で話し、決起懇親会、ワークショップ、そしてレビューセッションと、いくつものステップを踏んで意識を高めていった森谷、神崎らと、今回の営業方針検討会議までほとんど何も知らされていない現場のメンバーとでは情報や意識の面で大きなギャップがある。そのギャップは一朝一夕に埋まるものではない。このため会議は全体的に空回りしがちで、どこかしらけたムードのまま終わりを迎えた。

　「このままでは、自分たちがやってきたことが無駄になってしまう」。森谷と神崎は強い危機感を抱いた。たしかに、坂上や大西、近藤など今回の取り組みに賛同してくれる者も出てきた。しかし、抵抗している連中はもちろんのこと、表面的に納得したように見える他のメンバーが明日からすぐにこれまでの活動スタイルを変えるとは思えなかった。「なんとか支店全体の営業スタイルを変えていかなければ。上を巻き込みつつ、個々のメンバーに個別に働きかけるアプローチを続けよう」。2人はそう確認しあい、決意を新たにした。

●**新しい営業モデルで早急に成果を出す**

　今回の取り組みに関しては、東大阪支店内で短期間で成果を出し、早急に「効

果がある」ことを証明しなればならない。はっきりとした成果を出すまでの時間が短ければ短いほど、新たな営業モデル確立の必要性は説得力を増す。反対に時間がかかれば、他のメンバーたちを納得させるのは難しくなる。いくら森谷や神崎が成功を信じていたとしても、現場のメンバーたちは懐疑的な気持ちを深めていってしまう。

プロジェクトチームのメンバーは、まず営業方針検討会議の様子を宮田支社長に報告し、予想以上に抵抗勢力が頑迷であること、東大阪支店を束ねていくために支社長のサポートが必要であることを伝え、「全力を挙げて成果を出すことに尽力します。応援をお願いします」と頼んだ。

一方で、『ソリューション営業マニュアル』を活用しての勉強会を何度も開き、担当顧客への新しいアプローチを今後どのように実践していくか、細かく検討していった。

これまでの営業スタイルは、とにかく「こういう商品がある。こういう新商品が出た。だから買ってくれ」という"売り込み営業"、あるいは「あの商品の在庫はどうか、補充はどのくらいすればよいか」という"御用聞き営業"が中心だった。

これに対して新たに展開を図ろうとしているソリューション営業は、得意先に関する情報収集を徹底して行って顧客が抱えている課題や問題を洗い出し、そこに存在するニーズや期待を明確にしたうえで、課題解決に向けて、ABCフーズの社内リソースを最大限に活用しながら様々な角度から解決へのアプローチを提示するというもの。顧客志向の目線に立った営業活動を徹底し、ときには店舗での棚割りや売り場づくり、キャンペーン展開まで含めた提案を行っていく。

顧客の状況を分析し課題に応じたソリューションを提案していく活動を展開していくなかで、SFAを活用した情報共有により、ある顧客に対する事例を他社にも応用していくようなソリューションのパターンも生まれていく。

●成果を出すことで抵抗勢力も軟化していく

こうしたソリューション型セールスが市場のニーズ、時代の流れにマッチした営業モデルであることは間違いない。森谷たちはまず1つの会社を徹底的に攻略することにした。ターゲットとしたのは、かつては大きな得意先でありながら、徐々に競合他社にシェアを奪われ、最近では取引がジリ貧状態になっているA

社である。試行錯誤をしながら、チームで様々に工夫してA社に働きかけたところ、1ヵ月を過ぎるころには、徐々に顧客から好意的な声が聞かれるようになった。

　具体的な成果が出始めると、プロジェクト参加を躊躇していたニュートラル派たちにも変化が見られるようになった。もともと彼らは日和見的である。「営業のやり方を変えていかなければならない。必ず変えていく」というプロジェクトメンバーたちの意気込みや、得意先や市場からの好意的な評価に触れ、さらにあのジリ貧だったA社でさえ、1つ大きな取引が成立したという事実も目のあたりにして、ソリューション営業の実践に気持ちが傾いていった。

　自信がついた森谷と神崎は、チームメンバーの協力を得ながら、カウンターフォースである1課の米山と城嶋、一見ニュートラルだが、ステークホルダーとして実際はどのタイプに属するのか判然としなかった2課のベテラン野田と田宮にも働きかけを行っていった。

　「ソリューション営業がこれからのABCフーズにとって大きな成果をもたらすことは証明されつつあります。どうですか、一緒にやっていきませんか」。こう説得を繰り返すなかで、半信半疑だった彼らの態度も少しずつ変化を見せ始めた。

　そこにさらに強力な後押しが加わった。宮田支社長の決定で、東大阪支店の取り組みが評価され、大阪支社内のいくつかの別の支店でもソリューション営業が導入されることになったのである。また、本社発行の全国社内報でも、今回の東大阪支店の取り組みが「成功事例」として紹介された。

　これらの後押し効果もあって、石塚シンパであった米山と城嶋の気持ちもぐらつき出したようだ。また、実践には消極的だった野田もプロジェクトメンバーたちの話に耳を傾けるようになり、ソリューション営業に前向きに取り組む姿勢を見せるようになった。

● 頑迷なハードルたち

　しかし、最大のハードルである1課の石塚と2課の小宮は相変わらずだった。「感情攻撃型」の抵抗スタイルを見せる小宮は、説得を試みる森谷や神崎の話に耳を貸さないばかりか、ときには「君たちもしつこいぞ。本社の変革プロジェ

クトだかなんだか知らないが、俺には俺のやり方があるし、それが一番だと思っているんだ」と怒りを露わにした。マネジメントスタイルも相変わらずで、「とにかく売り上げてこい。売り上げが出るまで支店には帰ってくるな」と檄を飛ばすことに終始していた。

　一方、「現状固執型」の抵抗スタイルを貫く石塚は「少し結果が出たぐらいで何だ。俺は今までどおり足を使って人間関係をつくる。それ以外に営業の王道はない」と、これまた頑固に言い張る。

　さらに一見ニュートラルに見えていた2課のベテラン・田宮が、実際は"隠れハードル"であることも判明した。もともと田宮は小宮の指示にしたがって動くことに何の疑問も抱いていない。しかし、一方で保身傾向も強く、あからさまに小宮の肩をもつことも、森谷たちの言い分に賛成することもしない。そうやって、自分の損にならないように状況をじっくり観察しようと決めていたらしい。

　神崎や森谷たちの言葉には「そうだな。これからはソリューション営業の時代だな」と好意的な態度を示しながらも、陰では「あんな面倒臭いもの、やるだけ損だ」と話し、具体的には何の協力もしない。まさに「面従腹背型」の隠れハードルだった。

　この3人の抵抗勢力をどう突き崩していくか。ソリューション営業が成果を見せ始めるなかで、メンバーたちが次に腰を据えてかからねばならない課題がこれだった。

●相手のタイプを分析し、個別に攻める

　メンバーたちはどのように彼らの態度を変えていけばいいのかを話し合った。森谷と神崎が、有田から伝授されたテクニックをメンバーに説明しながら、全員でその攻略を検討していく。「田宮さんのような面従腹背型は、メンバーのだれかがとことん付き合って個人的な信頼関係をつくり、そのうえで説得する、というやり方でいけるかもしれませんね」と提案したのは神崎。問題はだれが適任かだが、森谷は「できれば田宮君と年齢が近い人間のほうがいいと思う」として、課は異なるが、田宮とは1歳違いで個人的な付き合いも多少ある坂上に説得役を頼んだ。

　次に小宮課長をどうするか。小宮の場合、抵抗の根底にプロジェクトの推進

者である小島副部長への個人的感情がある。それさえ解決すれば一気に味方にすることもできるが、理屈ではないだけに厄介だ。同じ課長とはいえ、5歳年下の森谷が話してもうまくいくとは思えない。悩んだ森谷は「こうなったら小島副部長にお願いし、1度、2人でじっくり話し合ってもらおう」と提案。そうやって気持ちをほぐす一方で、宮田支社長からもプロジェクトの重要性と必要性を説いてもらうということで、メンバー全員が同意した。

　残るは石塚である。これまで何度か説得を試みようとしたが、石塚は頑なに自身の営業スタイルを変えようとしない。こうしたタイプは、とにかくプライドと自負心を傷つけられることを嫌う。あなたのやり方は通用しないと頭から否定したのでは逆効果だ。神崎が「現状固執型は、変革によって自分の存在価値が低下することに不満を抱きます。ここは有田さんから教わった説得話法（*詳細はpp.120〜129参照）を試してみてはどうでしょう」と提案した。

●発芽した変革の芽が育っていく

　メンバーたちは、抵抗勢力の突き崩しに本腰を入れて取り組み始めた。坂上は田宮と接触する機会を増やし、ソリューション営業がいかに有効か、それについて自分がどのように考えているかなどを、熱い思いを込めて語った。

　最初はのらりくらりとかわしていた田宮だったが、本音で語り続ける坂上に、次第に心を開き、本音を語り始めるようになった。坂上への信頼感とシンパシーが生まれた証拠である。ここまでくれば、田宮が本気でソリューション営業に取り組むようになるのも時間の問題である。

　小宮課長の態度にもはっきりと変化が現れた。小島副部長と一晩かけて腹を割って話し合い、最後は「協力してくれないか、頼む」と頭を下げられたことが功を奏したようだ。感情的なしこりが氷解するとともに、プロジェクトの成果を素直に認めるようになった。

　石塚に対しては、年下とはいえ直接の上司である森谷が説得にあたった。その際、森谷はそれまでとはやり方を変え、説得話法でアプローチした。そこではまず、「石塚さんのこれまでのキャリアには私も大いに敬意を感じている。現在の石塚さんのやり方は、その経験とキャリアに裏打ちされたものだ。それを否定するつもりなど毛頭ない」と伝えた。

そのうえで、「現在のような状況のなかで、石塚さん自身、このままでいけると本心から考えてますか」と問いかけ、大阪支社の全支店がソリューション営業を始めたこと、東大阪支店がこれまでどおり大阪支社で一番の業績を維持していくには、石塚の力が必要であることを伝え、「いきなりやり方を変えてくれとは言いません。少しでいい。これまでのやり方に新しい営業スタイルをプラスしてみてくれませんか。どれくらい意味がないものなのか、石塚さん自身で試してみてはどうですか」と言葉を継いだ。

　森谷は石塚のプライドをくすぐりつつ、挑発も交えて言葉巧みに説得した。石塚は「いいだろう。試してみて、意味がないことを証明してやろうじゃないか」と思い始め、ついには「ま、試すだけなら」という言葉を口にした。

　こうして石塚は少しずつ自分の営業活動に新しいソリューション営業を取り入れていった。実際にマニュアルに書かれているアプローチを実践してみると、得意先の反応は思いのほか上々だった。石塚の提案から新たな取引が生まれたり、新しい窓口からも声がかかるようになってきた。あれほど意味がないと否定していた自分が新しい営業スタイルに取り組み、徐々に成果を上げ、それを喜んでいる。この矛盾が石塚のなかで認知的不協和を生じさせ、石塚は大きな戸惑いを感じた。その戸惑いを持て余し、心のなかで「なかなかおもしろいやり方じゃないか」と自分で自分を説得し始めた。本人が意識しないまま、いつの間にか森谷たちのペースに乗せられていた。

　こうやって大きな抵抗勢力は徐々に力を失っていった。とはいえ、新たな営業スタイルに全員がなじんだとは言い難いのも現状だ。いまだに戸惑いを感じているメンバーもなかにはいる。だが森谷たちが種を蒔き、手をかけて発芽させた変革の芽は確実に育ちつつある。それだけは確かだった。

第4章の引用・参考文献

i　Rogers, M. E.(1982)"DIFFUSION OF INNOVATIONS". Free Press（青池愼一・宇野義康訳『イノベーション普及学』）産能大学出版部、1990年、p.42より引用）.

ii　Rogers, M. E.(1982)"DIFFUSION OF INNOVATIONS". Free Press（青池愼一・宇野義康訳『イノベーション普及学』）産能大学出版部、1990年, pp.42〜45参照）.

iii　French, J. R. P. Jr. & Raven, B. (1959) The basis of social power. In D. Cartwright (ed.) Studies in

- social power. Ann Arbor, Mich.：Institute for Social Research.
- iv 田尾雅夫（1991）『組織の心理学［新版］』有斐閣ブックス，pp.201〜202参照．
- v Mary Parker Follet(1941). "Dynamic Administration". (米田清貴＋三戸公訳『組織行動の原理〔動態的管理〕【新装版】』未来社，1997年，pp.83〜91参照．）
- vi 古川久敬（1990）『構造こわし』誠信書房，pp.207参照．
- vii Robert B.Cialdini.(1988) "INFLUENCE：SCIENCE AND PRACTICE", 2nd Edition.（社会行動研究会訳『影響力の武器〜人はなぜ動かされるのか〜』誠信書房，1997年），Robert B.Cialdini.(2001) "Harnessing the Science of Persuasion". Harvard Business Review（有賀裕子訳「人を動かす6つの原則『説得』の心理学」『Diamond Harvard Business Review』，2002年，pp.113〜123参照），竹村研一編（1988）『現代社会心理学』教育出版，p.102参照．
- viii 相川充（2000）『人づきあいの技術』サイエンス社，p.73参照．
- ix 西田公昭（1995）『マインド・コントロールとは何か』紀伊国屋書店，p.70、安藤清志・大坊郁夫・池田謙一（1995）『現代心理学入門4　社会心理学』岩波書店，pp.71〜72参照．
- x Brown, R(1988) "GROUP PROCESS-Dynamics within and between Groups".（黒川正流・橋口勝捷・坂田桐子訳『グループ・プロセス－集団内行動と集団間行動』北大路書房，1993年，pp103〜119参照．）

第5章

変革推進活動を
サポートする

1 変革推進チームによるバックアップサポート──変革推進チームの役割

　変革を着実に実行段階へとシフトしていくためには、チェンジ・エージェントによる現場での地道な変革推進活動が欠かせない。変革課題を「我が事」として受け止めたチェンジ・エージェントは現場に戻り、変革の必要性や意義を組織メンバーに説き、現場を変革へと導いていく。そして、変革に賛同する第2、第3のシンパをつくり、変革が後戻りしないよう、橋頭堡を維持する活動を展開する。いわば「局地戦」を繰り広げる主体がチェンジ・エージェントである。

　しかし、変革はこうした局地戦だけではうまくいくことはない。もう1つ重要なのが変革を専門に担うスタッフ部隊、すなわち変革推進チームによる活動だ。

　変革プログラムの展開においては、変革を進めるトップとの間に太いパイプと信頼関係をもったスタッフチームが不可欠である。変革推進チームの役割は、局地戦を繰り広げるチェンジ・エージェントチームを動機づけ、彼らが変革を推進していく活動を展開しやすくするよう、いろいろな形で後方支援を行うことである。いってみれば、局地戦に対して「全体戦」を展開するのが変革推進チームの役割といえる。

　本節では、この変革推進チームに焦点を当て、変革の実行をサポートするうえで、彼らが行うべき活動内容のポイントを整理したい。変革推進チームの主な活動ポイントは、下記の5つである。

① チェンジ・エージェントを選抜する
② チェンジ・エージェントを動機づける
③ アーリーウィンを意図的につくる
④ 変革のプロパガンダ活動を展開する
⑤ 実践コミュニティを見逃さない

　以下、各ポイントについて詳細を見ていこう。

（1）チェンジ・エージェントを選抜する

　変革推進チームがまず行うべき活動は、現場からチェンジ・エージェントとしてふさわしい人物を選抜することである。

　すでに第2章で概観したように、我々はチェンジ・エージェントに求められる能力を「適性」「知識・スキル」「組織内基盤」に分けて整理したが、これらは現場からチェンジ・エージェントたる人材を選抜する際の重要な判断基準である（第2章p.47「図2-5 チェンジ・エージェントに求められる能力」参照）。

　チェンジ・エージェントは変革の先頭に立ち、その他の組織メンバーを変革へと導いていく強い影響力を発揮しなければならない。そうした役割を担う人物である以上、組織のなかでも一目を置かれる人材を選抜しなければならない。

　「変革は辺境から巻き起こる」という言葉もある。組織のなかで一風変わった人、あるいは変革に反対する人のなかにも高い問題意識をもっている人がいるかもしれない。現場に強い影響力をもつ、うるさ型の人材を選ぶ観点も忘れてはならない。

公募か一本釣りか

　チェンジ・エージェントを現場から選抜する方法には公募で行う場合、現場推薦で行う場合、トップや変革推進チームの一本釣りで行う場合などいくつかの方法が考えられ、それぞれにメリット・デメリットが存在する。変革テーマの重要性や変革プロジェクトの期間などによっても選抜方法は変わってくるため、一律にどれが一番よいかを決めることは難しい。

　簡単に各選抜方法の特徴を述べておこう。まずチェンジ・エージェントを社内公募で決定する場合、変革に対する意識の高い人材を選抜することができるというメリットがある一方で、選ばれなかった人間の変革意欲を削ぎ、彼らを変革に対するネガティブ勢力に変えてしまうという危険性もある。変革テーマによっては、選ばれた者と選ばれなかった者とで微妙な軋轢を生むこともありうる。公募による選抜を実行する際には、せっかく応募してきたのに漏れてしまった人にも正規メンバーという位置付けではないにせよ、何らかの形で変革のプロジェクトに参画させるような配慮を行う必要がある。

　次に、現場の上長推薦でチェンジ・エージェントを選抜する場合、現場をよく知って

いるマネジャーが変革テーマに適した人材を推薦してくれるというメリットがある。しかし、その一方で、「目標達成の実現に向けて、ただでさえ忙しいのに、そんな本社のプロジェクトにうちの優秀な人材を貸せるか」などと、現場のラインマネジャーが優秀な人材を出し渋る可能性が大いに考えられる。

　自分の部下が変革活動に参加するといっても、多くの場合、その他の人員がすぐ補充されるわけではないため、優秀な人材を出せばその分自分（ラインマネジャー）が損をするという心理が働いてしまう。

　出し渋るならまだしも、明らかに能力的に劣っている人材を推薦することも考えられる。実際、営業生産性の向上を目的に旧日本ロシュ株式会社（現中外製薬株式会社）にて行われたSST（Super Skill Transfer）プロジェクト[i]では、現場から変革の実行を担う営業リーダー24人を本社のプロジェクト事務局（変革推進チーム）が選抜したが、その際、事務局長を務めた山本藤光氏は、「冗談じゃない、そんなことをされたら、売り上げがガタ落ちになる」「営業担当者のレベルアップは、私たちの使命だ。何で本社がプロジェクトをしなければならないのか」[ii]等々、現場ラインマネジャーの激しい抵抗に遭ったという。

　最後はチェンジ・リーダーであるトップ自らが、「数字は落ちても構わない、責任は私がとる」[iii]と鶴の一声を発したことでラインマネジャーたちを押さえ込むことができたというが、現場推薦でチェンジ・エージェントを選抜する際には、優秀な人材を引き抜かれる現場のラインマネジャーにネガティブな心理が働くことに十分配慮し、抵抗するラインマネジャーを直接・間接的に説得する働きかけを行うことも視野に入れておかなければならない。

　最後に、トップや変革推進チームが一本釣りで優秀な人材を引き抜く選抜方式について述べよう。この方法は、トップ自らが選抜に動いているということで、本人のモチベーションも上がり、また現場のマネジャーもあからさまな抵抗はしにくい。

　変革テーマが組織の重要課題であればあるほど、変革までのスピードが求められるので、希望者を公募するより適任者を指名したほうがよい。直接本人と面談をし、トップ自ら変革の志を伝え、変革活動に参画する意思があるかどうか、直接本人に意思決定を迫る。手間がかかるというデメリットはあるが、変革にかける自分の想いを託すに足る人材を厳選するためには、時間をかけた選抜も必要だ。

　以上述べてきた選抜方法のメリット・デメリットを改めて図5-1にまとめた。実際には、

変革テーマの内容や各社の置かれた文脈に応じて柔軟に選抜方法を設計する必要がある。その際の参考としていただきたい。

図5-1　チェンジ・エージェントの選抜方法のメリット・デメリット例

社内公募の場合

- メリット：変革に対する意識の高い人材を選抜することができる
- デメリット：選ばれなかった人間の変革意欲を削ぎ、彼らを変革に対するネガティブ勢力に変えてしまう危険性がある
- 対策：自主的に応募したのに漏れてしまった人にも正規メンバーという位置付けではないにせよ、何らかの形で変革プロジェクトに参画させるような配慮を行う

現場推薦の場合

- メリット：現場をよく知っているラインのマネジャーが変革テーマに適した人材を推薦してくれる
- デメリット：優秀な人材を出せばその分自分（ラインマネジャー）が損をするという心理が働き、優秀な人材を出し渋ったり、適切でない人材を推薦する可能性がある
- 対策：優秀な人材を引き抜かれる現場のラインマネジャーにネガティブな心理が働くことに十分配慮し、十分なケアやフォローを行っておく

一本釣りの場合

- メリット：トップ自らが選抜に動いているということで、本人のモチベーションも上がり、また現場のマネジャーもあからさまな抵抗はしにくい
- デメリット：時間や手間がかかるうえ、トップや変革推進チームがどれだけ現場の優秀な人材を把握しているかがポイントになる
- 対策：日頃から現場をワンダリングし、健全な問題意識をもったキーパーソンに目星をつけておく

兼任か専任か

　公募か一本釣りかと同様に、チェンジ・エージェントを現在の業務と兼任にすべきか専任であたらせるかの判断についてもケースバイケースになる。たとえば、日産自動車のCFT（Cross Functional Team）の場合、解決策の提言機能が中心で、課題の実行機能は担っていなかったため、彼らは本業と兼任だった。

　一方、前述した旧日本ロシュのSSTプロジェクトの場合、現場から選抜された24名の営業リーダーは専任だった。彼らは、営業生産性の向上に向け、全国各地の営業所を訪問し、そこで実際に営業成績が伸び悩む営業担当者（MR）に対して直接同行指導を行うという変革の実行機能が直接の役割だった。全国各地への移動を伴うこの仕事は物理的に専任でなければとてもできないものであった。専任であったため、優秀なメンバーを引き抜かれることに現場の営業所長が相当な抵抗を示したのは前

述のとおりである。

　旧日本ロシュの事例を見てもわかるように、優秀な人材をラインから引き離してプロジェクトの専任にすることは相当なラインの抵抗を覚悟しなければならない。兼任であれば専任よりは理解が得られやすくなるが、プロジェクトに割ける物理的な時間はかなりの制約を受ける。一方、兼任・専任を問わず、優秀な人間が通常業務を離れることに関する副次的な効果もある。優秀な人材を抜いても、その人が抜けた穴をその他のメンバーで補おうとするので中期的にはその組織の底上げが図られるのだ。

　ただいずれにせよ、重要な人的リソースを供与するラインの管理者にとって短期的には痛手であることに変わりはない。ラインの管理者に対しては、変革推進チームから十分なケアを行っておくことが必要になるだろう。

CFTにするか同一部署のチーム編成にするか

　組織の問題を多角的な視点から検討するという意味で、基本的にはCFTで進めるべきである。変革テーマに関係の深い部門から様々なメンバーをアサインすることで、既成概念や部門の枠に縛られない視点を盛り込んだ活動が展開できる。縦割り組織の弊害を打破する意味でも多様な部門から選定するのがいいだろう。

　また、CFTの活動期間は明確にしたほうがいい。あくまでもプロジェクトであり、はっきりと活動期間を定めることでメリハリをつけ、活動期間内に一定の成果を出すことを求めることが重要だ。

(2) チェンジ・エージェントを動機づける

　チェンジ・エージェントを選抜することと同時に、変革推進チームが考慮しておかなければならないのは、チェンジ・エージェントの動機づけ方法である。能力を認められ、変革という重要な任務への参加を要請されるのは本人にとって名誉なことと考えられがちだが、当然のことながら、チェンジ・エージェントには精神的、肉体的に大きな負荷がかかる。通常のライン業務と兼任で変革プロジェクトに参加する場合はなおさらである。

　変革プロジェクトのメンバーに選ばれたチェンジ・エージェント本人は動機づけがで

きていたとしても、その上司がプロジェクトへの参画を好ましく思っていなかった場合、本人のやる気は次第にそがれてしまうことも考えられる。

こうしたチェンジ・エージェントを側面から支援し、動機づけるために変革推進チームが行うべきことは何だろうか。そもそも人間はどのような条件が揃うと動機づけられるのか。まずは人間を動機づける4つの観点について考えてみることにしよう。

4つのインセンティブ

「組織の人々は、物質的欲求に惹かれ、仕事や周囲の認知に惹かれ、思想や理念に惹かれ、人間に惹かれ、組織にコミットし、努力を大きく注入し始める」。一橋大学教授の伊丹敬之氏はその著『マネジメント・コントロールの理論』のなかで、動機づけについてこのように述べ、インセンティブには以下のような4つの種類が存在することを指摘している。[iv]

図5-2　4つのインセンティブ

①物質的インセンティブ	②自己実現的インセンティブ
金銭的報酬や昇進といった形で物質的欲求が満たされる	自己実現欲求、尊厳・承認の欲求が満たされる
③理念的インセンティブ	④人間的インセンティブ
組織の創始者やトップの理念・ビジョンに共鳴する	組織やチームを率いる人間の個性・人格・人間的魅力に惹かれる

出典：伊丹敬之（1986）『マネジメント・コントロールの理論』岩波書店, pp.10〜12をもとに作成

インセンティブというと、すぐに①のような物質的な報酬を想像しがちだが、その他にも②〜④のようなインセンティブの方法がある。

たしかに、現実には通常業務と兼任で変革活動を行わなければならないことが多いチェンジ・エージェントの意欲を高めていくためには、まず物質的インセンティブを活用し、変革活動に携わる人材に昇進昇格や報酬を約束することも重要だ。しかし、彼らを変革に動機づける方法はこればかりではない。②の自己実現的インセンティブ、すなわち、会社を変えるというチャレンジングな活動を通じて自分を試してみたい、といったチェンジ・エージェント自身の内なる思いをくすぐってあげるのも、彼らの変革意欲を高めていくには有効な方法だ。

旧日本ロシュのSSTプロジェクトでは、現場で変革活動を行う24人のチェンジ・エージェントたちに月1回、社長に直接意見を具申できる場と機会を与えた。そこでは、現場で変革活動を展開していくにあたり浮き彫りとなった派生的な問題、トップのビジョンを実現するにはもっと違う形でアプローチをしたほうがいいといった現場発の様々な情報や意見、アイデアがチェンジ・エージェントからトップに提言される。そしてトップは、その場でそれは「支店長会議にかけよう」「経営会議で検討しよう」[v]などの意思決定を行う。

　事務局長だった山本藤光氏は当時を振り返り、24人のチェンジ・エージェントは「いち平社員でありながら経営会議に参加し、会社全体の経営の一部を担っている」という感覚、「自分たちの考えが組織を動かし、組織に新しい風を起こしている」という感覚をもったと回想している。[vi]

　現場の社員にとって経営トップへ意見を直接具申できる機会はあまりあるものではない。その意味で、旧日本ロシュのような、トップと現場の距離を縮める試みは、チェンジ・エージェントに自分たちが組織を動かしているというやり甲斐や効力感を与え、会社をよくしたいという彼らの内発的動機を高めていくことにつながる。

　また、結果として彼らの変革への当事者意識を強める効果も期待できよう。普段は経営層との接点のうすい自分たち現場の人間の想いや提言が組織の上層部に届き、それが組織を動かしているという感覚をもたせるなど、自己実現的インセンティブをくすぐるアプローチも変革に携わるメンバーの動機づけには有効な手段となる。

　このほか、変革を掲げるトップの理念やビジョン、人間性、あるいは変革推進チームのメンバーの個性や人間的魅力といったものも、人を動機づけるには重要な要因となる。また、変革ビジョンが真に共鳴できるものかどうか、変革推進チームは現場に慕われる魅力をもったメンバーで構成されているかといった点も現場を変革に動機づけていくうえでは非常に重要なポイントである。

　動機づけのための方策は、当初は物質的インセンティブを中心に外発的に動機づけながら、徐々に「自分の成長につながる」といった、自己実現的インセンティブなどを活用して、メンバーが変革プロジェクトの活動そのものに内発的に動機づけられていくよう働きかけていくアプローチが望ましい。こうした内発的動機づけが、次の変革への原動力となるのだ。

(3) アーリーウィンを意図的につくる

　第1章(p.27)でも述べたように、変革プロジェクトが全社的なムーブメントとして波及していくかどうかは、変革によって生まれたものが優れた効果や価値を生むという文脈を組織の多くのメンバーが認識できるかどうかにかかっている。変革プロジェクトによって以前よりも状況がよくなった、自分たちにとっても恩恵があると認識されれば、変革に否定的であった組織のメンバーも変革に前向きに取り組むようになる。

　変革推進チームが変革を進めるうえで考慮すべきは、まず1つの成功事例をつくることである。そのためには、すべての拠点に総花的にアプローチするのではなく、まず確実に成功する拠点を選び、そこに全精力を注ぎ、最大の効果を上げる必要がある。

　たとえば、顧客対応力を強化するために新たにSFA(Sales Force Automation)の営業支援システムを導入することになったとする。

　この場合、何より最初は、システムの導入に比較的賛成度が高く、変革推進チームとも心理的な隔たりの少ない拠点、すなわち成功の可能性がもっとも高いところを選んで先行導入し、成果を上げることが肝心である。一気に全社に導入し、なかなか成果が上がらなかった場合、導入に抵抗を示す層はもちろん、様子見の層も導入に消極的になり、プロジェクトが崩壊してしまうリスクがあるからだ。

　それよりもむしろ、導入に比較的好意的な拠点を攻め、確実な成果を出す。ある拠点でシステム導入による効果が非常に上がったとすれば、その成功の事実が組織全体に伝わり、最初は変革に否定的であった拠点も変革の恩恵を受けたいと思うようになっていく。最初は導入に抵抗を示していたとしても、革新的な成果が出れば、「うちにも導入したい」と、態度は180度変わるものだ。

　こうした「アーリーウィン(早期の勝利)」を意図的につくり上げることは、変革推進チームの重要な活動ポイントである。

(4) 変革のプロパガンダ活動を展開する

　変革推進チームの4つ目の活動ポイントは、変革に関する情報を広く発信し、すべての社員を広く変革に巻き込むことである。そのために必要となるのが「変革のプロ

パガンダ」である。

　「プロパガンダ」という言葉は、「何らかの政治的意図をもって情報操作を行うこと」といった意味で捉えられることが多い。戦時下における情報戦をストレートにイメージする人もいるかもしれない。しかし、本来的な意味は「特定の観点を受け手に伝達すること」[vii]であり、受け手がその特定の観点を自発的に受け入れるようにするための働きかけである。その意味では、我々がテレビや新聞などのマスメディアを通じて、毎日大量に受け取っている広告などのメッセージもプロパガンダの1つといえる。

　しかし、ただ単にメッセージを発信しても効果は上がらない。社員は日々多くの情報に接している。そこに工夫がなければ効果は限られる。変革推進チームはより多くの組織メンバーを変革に巻き込めるよう、「伝達内容を組み上げ」「メディアを選択」していかなければならない。

　プロパガンダ活動を行ううえでのポイントをいくつか紹介しよう。

伝達内容（メッセージ）を組み上げる

　伝える情報、すなわちメッセージの内容次第でプロパガンダの効果は大きく左右される。それだけに、最初に内容をしっかり組み立てる必要がある。その際に重要になるのが「目的の明確化」「アピール方法の決定」「メッセージの設計」という3つの視点である。

① 目的の明確化

　広告宣伝活動においては、目的を「情報提供」「説得」「リマインド」のいずれかに定めて行うことが一般的である。[viii] 狙いを定め内容を焦点化することで、強い宣伝効果を上げるためであり、「変革のプロパガンダ」でもそれは同様である。広告宣伝における3つの目的を変革のプロパガンダにも適用して考えてみよう。

　その第1の目的は「情報提供」である。広告宣伝においては製品の導入段階によく使われ、対象についての知識を与え、受け手に理解させる目的の広告を指す。これまで市場になかったようなまったく新しい製品を投入する際に、それが何であり、それを使用することでどのようなメリットがあるのかを消費者に対して説明する際に用いられる。

　変革のプロパガンダでは、変革を理解させるための発信がこの「情報提供」に該当

する。つまり、なぜこれまでとは変わらなければならないのか、どんな変革なのか、変革によってどんなメリットがあるのか、といったことを理解させる目的で行う。

第2の目的は「説得」である。広告宣伝では、特定ブランドについての需要を生み出すことを目的としており、その製品の良さを消費者にアピールし購買意欲を喚起する。変革のプロパガンダでは、個別の変革内容それぞれについて、これまでとどのように変わるのか、どんな効果が期待できるのか、といった点から変革の意義をアピールし、変革への前向きな姿勢を引き出す目的で行う。

そして、第3の目的は、その製品を思い出させ、再び購入させることを目的とする「リマインド」である。広告宣伝においては、成熟期に入った製品等でよく用いられる手法だ。変革を進めるにあたっては、常に変革を意識させておかなければならない。そこで、変革の進捗状況やこれまでの成果、今後の取り組み予定といったことを発信して、継続的な取り組みを促す必要がある。

変革のプロパガンダでは、その時々の状況によって、これらの目的を意識的に使い分ける。通常は、変革の初期段階、つまり変革に関して社員の知識や意識が薄い段階では「情報提供型」、変革についての認識はあるがまだ過去の成功体験にとらわれているうちは「説得型」、メンバーが変革に向けて踏み出し始めたら「リマインド型」が中心になる。

② アピール方法の決定

メッセージの目的を明確にしたら、次にどのように伝えるかを考えなければならない。単にメッセージを平板に伝えるだけでは効果は薄い。「変革のプロパガンダ」では、P. コトラー氏のいう「理性に訴える」「情緒に訴える」「倫理性に訴える」という3つのアピール方法に沿って、メッセージをアピールする。

このうち「理性的アピール」とは、対象物がある価値を生み出し、それが受け手の利益になると訴えるやり方である。変革の背景やメリットを論理的に示し、その必要性をアピールするもので、変革を冷静に受け止めて、そのメリット・デメリットを判断できる社員に対して効果的である。

次に、相手の感情に訴えかけるのが「情緒的アピール」。変革を進めるにあたっては、社員の会社への愛着や思い入れを刺激して"正の感情"を引き出したり、逆に、変革が失敗に終わった企業の例、あるいはこのまま何もしない場合に自分たちの会

社がどうなるかといった内容を示したりすることによって"負の感情"を喚起するなどして、変革の必要性をアピールする。

先に紹介したジョン・P・コッター氏の近著『ジョン・コッターの企業変革ノート』(日経BP社、2003)に次のような話が載せられている。

顧客との会食の席で自社に対する強い不満を打ち明けられたトップが、その顧客の話を収録した「怒れる顧客を映したビデオ」を400人あまりの工場の従業員に見せたところ、それを見た多くの従業員は驚愕し、画面に釘付けになった。そして、その後、少数の反発もあったが、同時に「なんとかしなければならない」と思う人が生まれ始め、そこから従業員は顧客の声にもっと耳を傾けるようになったのだという。[ix]

この例では、「顧客の怒り」という感情をビデオという視覚に訴えるメディアを通じて見せることによって従業員の感情に働きかけたわけである。

変革に関係する幅広いステークホルダーの感情を情緒的なアピールを通じて揺り動かすことは変革推進上、重要なポイントとなる。コッター氏は次のようにもいっている。「行動を変えるには、分析の結果を示して理性に訴えるよりも、目に見える形で真実を示して感情に訴えることが重要だ」「『分析し、考えて、変化する』流れよりも『見て、感じて、変化する』流れの方が強力だ」。[x]

そして、最後の「倫理的アピール」では、"正しさ"についての受け手の感覚に訴えかける。変革を社会的な"正しさ"という文脈に乗せて説明することで、変革の必要性をアピールするわけである。環境問題や安全問題など企業の社会的責任に関係あるような変革テーマの場合には、このアピール方法で社員の倫理観や道徳観に訴えることができ、特に効果的である。

③ メッセージの設計

目的、アピール方法を明らかにしたら、最後は具体的なメッセージを設計しなければならない。メッセージの設計にあたっては、心理学の研究成果等も踏まえて、最低限下記の4点を押さえておきたい。

(a) 注目度の高い情報を織り込む

人間は効率的に情報を処理しようとする傾向をもっている。たとえば何かを決める際に、すべての要素を毎回じっくり検討するという人は少ない。あまり関心がなかったり、重要性や優先度が低いと思えることについては、注目度の高い情報をも

とに決断したりしているのではないだろうか。

　選挙で投票するときのことを考えてみよう。立候補者の政策をきちんと比較して投票している人がどれほどいるだろうか。多くの人は「○○党だから」とか、「あの人が推薦しているから」といった情報をもとに選んでいるのが実態だろう。変革のメッセージに置き換えると、外部の専門家のお墨付きや組織内で影響力をもつ人の賛同といった情報が注目度の高い情報といえる。メッセージの設計においては、こうした情報をきちんと織り込むことが大切だ。

(b) 表現を工夫する

　メッセージの表現にも細心の注意を払う必要がある。同じ内容であっても、用いられる言葉によって、人の受け止め方はまったく異なるものになるからだ。

　たとえば、人間は肯定的な結果が得られることよりも、否定的な結果を回避できることを強調されたほうが、要請された行動をとる傾向が強い。「変革によってこんなによくなる」と伝えられるよりも、「変革がなされないとこんな（ひどい）結果になってしまうだろう」と伝えられるほうが説得されやすいのである。変革の結果に関する表現に一工夫することで、変革に対する社員の行動が喚起される確率が高まる。

(c) 情報量はできるだけ抑える

　成人が短期間に記憶できる容量は7±2チャンク（チャンク＝情報のまとまり）程度であるといわれる。これは変革のメッセージを設計する際にも留意しなければならない。ダラダラと長いメッセージを記載しても効果はない。伝えたいポイントは3〜5つ程度に絞って、端的な表現を心がけることが必要である。

(d) 対比効果を活用する

　事柄や商品に対して何らかの判断をする際、比較対象があるかどうかで判断も影響を受ける。まず、相対的になることで判断がしやすくなる。また、比較対象があることで、目前の事柄や商品が実際よりもすばらしく、あるいはみすぼらしく感じたりする。変革の必要性を訴える場合も、変革を実施した効果だけではなく、実施しなかった場合の"負の効果"も併せて伝えたり、単独の案だけではなく複数案を同時に列挙するといった工夫が必要だ。

メディアを選択する

　組み上げたメッセージの内容がいくらよくても、伝え方を間違えると、プロパガンダ

の効果は期待できない。また、プロパガンダに必ずしも潤沢な費用をかけられるわけでもない。それだけに、いかに効率的かつ効果的にメッセージを伝達するか知恵を絞らなくてはならない。そこで重要になってくるのが媒体（メディア）の選択である。以下の5つのポイントを押さえておきたい。

① メディアミックスを考える

どこの会社にも社内報やイントラネット、掲示板、社内メール、会議や研修といった様々な機会と場が存在する。こうした機会と場を活用し、手を変え品を変え、ありとあらゆるコミュニケーションメディアを活用して継続的にコミュニケーションを行うことが必要だ。

しかし、メディアにはそれぞれ長所・短所があり、プロパガンダ活動を行う際には、低コストでかつメディア同士の相乗効果が発揮されるよう、各メディアの長所・短所を踏まえた組み合わせ（メディアミックス）を考えなければならない。表5-1に組織変革で用いることが可能なメディアの長所と短所を整理した。これらを踏まえたうえで、到達範囲や接触頻度、影響力の大きさなどの観点から、メディアを選択していくことになる。

表5-1　メディアミックス

メディア	長所	短所
トップの言葉	インパクトが大きい 公式性が強い	一時的
ビデオニュース	五感に訴えられる 効果的な演出が可能	極めて高コスト 一時的
社内報	全員に配信できる 公式性が強い	発行時期が固定されている 掲載時期、スペースが自由にならない
e-mail	誰にでも自由に配信できる 多くの人に一度に配信できる コストがかからない	目を通さない可能性がある 関係性の薄い人には唐突感がある
電子掲示板	双方向のやり取りが可能 広く発信できる	プル型
口コミ	影響度は強い	コントロールしにくい 一時的
チェンジ・エージェントの行動	意図を反映しやすい メディアリッチネスが高い	受け止め方が多様 一時的
マスメディア	インパクトが大きい	意図したとおりの内容が掲載されるとは限らない
会議・ミーティング	ダイレクトにやりとりができる 同期性がある（here&now） アイデアがその場で進化していく 合意がその場で取れる	雰囲気や状況のコントロールが難しい 意図したとおりに運びにくい 時間やコストがかかる 不調時に周囲に与えるインパクトが大きい

② 到達範囲を決める

メディアによって到達範囲も異なっている。広くすべての社員に伝わるメディアもあれば、特定の領域の人や、一部の人にだけしか到達しない、しかし、その分深く浸透するメディアもある。メディアごとに、変革のメッセージがどの程度まで届くのかをあらかじめ理解しておかなければならない。

③ 接触頻度を調べる

私たちが物事に注目する度合いは、それが目に触れる回数に影響を受ける。当然のことながら、メッセージがターゲットの目にできるだけ多く触れるようにすれば効果も高まる。具体的な接触回数については、GEのハーバート・クラグマン氏の「スリー・ヒット・セオリー」が有名である。この理論は広告の量と認知率との関係に着目したもので、彼によれば、1回や2回では効果がなくとも、3回触れればメッセージは浸透するという。

変革のプロパガンダでも同様のことがいえる。現場の社員のもとには本社や管理部門、あるいは上司、同僚、あるいは部下から発信される実にたくさんの情報が届く。そうした状況下で、たった1回変革のためのメッセージを送っても、認知されるわけがない。「これでもか」と思えるくらいまで同じメッセージを出し続ける根気強さが必要だ。

スリー・ヒット・セオリーを踏まえ、メディアの組み合わせを考えながら、最低でも3回は社員がメッセージに接するようにしたいところだ。

④ 影響力を検討する

メディアによって、その影響力は大きく異なる。いかに到達範囲が広く、接触回数が多くてもメディア自体の影響力が小さい場合には、その効果は限られてしまう。たとえば、同じ変革のメッセージを掲載する場合でも、ただイントラネット上の掲示板に掲載するのと、トップのメッセージとして全社員に対して直接発信するのとでは影響力が大きく異なるのは明らかである。

一方、メディアとメッセージの組み合わせも重要な要素だ。いかに影響力の強いメディアであっても、見当外れのメッセージを載せてしまっては何の意味もない。メッセージの内容をきちんと踏まえたうえで、メディアの影響力について検討することが必要である。

⑤　タイミングを見極める

　メッセージを受け取る際の受け手の集中度によっても浸透度は異なる。接触時の状況の違いが広告効果に影響を及ぼす。そのため、メッセージを流す際には、それに接するタイミングもきちんと計算しておかなければならない。たとえば、月末の締めに追われ、慌ただしく動いている時期などに変革のメッセージを発したとしても、それに集中してもらえる可能性は低い。ターゲットの仕事のサイクルや時期的なタイミングをきちんと踏まえて、メッセージを発信することが重要である。

　変革推進チームは、変革の自発的な賛同者をできるかぎり増やしておくために、こうした点を踏まえ、変革のプロパガンダ活動を設計・実行していかなければならない。また、変革のプロパガンダ活動に対する反応から、だれが、あるいはどの部署が変革に賛同、あるいは抵抗しているのか、おおよその状況をつかむことも可能になる。

(5) 実践コミュニティを見逃さない

　変革推進チームの活動ポイントの5つ目は、変革活動によって生じたインフォーマルな実践コミュニティの活動を捉え、その動きを支援することである。

　実践コミュニティとは「あるテーマに関する関心や問題、熱意などを共有し、その分野の知識や技能を、持続的な相互交流を通じて深めていく人々の集団」[xi]をいう。かつて学習研究所の研究員で、現在はコンサルタントとして活躍しているアメリカのエティエンヌ・ウェンガー氏らが、企業組織を文化人類学的に観察する中でその存在を発見した。

　前述したように、一般的に集団は組織の目的達成のためにつくられた公式（フォーマル）の集団と、心理的な結びつきから自然発生的に生じた非公式（インフォーマル）の集団に分けられるが、この実践コミュニティは後者の具体的な形態の1つである。

　ウェンガー氏によれば、知識や情報は、オフィスで同じ仕事をする人たちが自然につくり出す仕事上のコミュニティ（実践コミュニティ）のなかで創造され、普及していくという。組織変革でも、当初は意図的な働きかけを中心として変革が進んでいくが、ある時期を境に自発的な動きが生まれてくる。現場の人々が、変革テーマの進め方や実現方法を考えたり、意見交換する「場」を主体的につくり出すのである。

キヤノンの生産革新運動を例にとろう。レーザービームプリンタの工場にセル方式を導入したものの、当初は生産性が一向に上がらずに、いきなり暗礁に乗り上げそうになった。ところが、あわや変革が頓挫するかと思われたそのとき、現場の女性作業員が立ち上がった。自主的に女性だけの10人のチームをつくり、就業後に自主的なミーティングを開催して、セル生産を実効あるものにするための改善方法を検討し始めたのである。そして、それがきっかけとなって、他の従業員も作業手順の変更などに取り組むようになり、次第にセル生産が軌道に乗り始めたという。[xii] こうした動きは、まさに変革プロセスで生まれた実践コミュニティの好例であるといえよう。

最初はチェンジ・エージェントらが行う公式な変革活動が中心だとしても、次第に変革テーマへの情熱やコミットメントによって自発的に集まったインフォーマルな集団が変革活動を担い始める。言い換えれば、変革について自主的に活動する、こうしたインフォーマルなコミュニティが育つかどうかが、変革の成功を大きく左右するともいえる。

変革推進チームは、組織内を歩き回り、ウォッチしながら、現場に変革テーマに自発的に取り組むインフォーマルなコミュニティが存在するかどうかを把握し、彼らの活動がより盛り上がるよう、実践コミュニティを育成していく役割を担わなければならない。

そして、必要に応じてそうしたインフォーマルな動きを変革活動に取り込み、フォーマルな取り組みに昇華させ、正規のプロジェクトチームとして位置付けることも視野に入れておくべきである。

これまで第3章から第5章にかけて、トップの変革ビジョンを受け容れ、それを実行に移していくプロセスをチェンジ・エージェントの動きを中心に解説してきた。

変革実行力を高めるためのポイントを改めて整理すると図5-3のようになる。

変革のオーナーであるトップ、その実行を担うチェンジ・エージェント、トップとチェンジ・エージェントを支援する変革推進チームが三位一体となった動きを行ってはじめて、変革実行力は高まっていく。

こうした組織変革に向けた取り組みが究極的に目指す姿は一時的な変革の定着ではない。"変革し続ける組織"の構築が最終的に目指すべき姿である。では、変革し

図5-3 変革実行力を高める3つのポイント

ポイント①
現場から変革の触媒となるチェンジ・エージェントを選抜し、トップの変革ビジョンを腹に落とさせる

ポイント②
チェンジ・エージェントにトップの変革ビジョンを具現化するための変革課題を提言させ、トップは提言された課題に即座に意思決定をする

ポイント③
現場で実行すべき課題はチェンジ・エージェントチームの手に委ね、変革推進チームが、彼らの現場での活動を側面から支援する体制をつくり上げる

続けるとはどういうことなのか、そのために何が必要なのか。続く第6章では、こうした論点を中心に、組織変革に向けた取り組みが組織にもたらすものについて論じていくことにしよう。

第5章の引用・参考文献

i 旧日本ロシュのSSTプロジェクトとは、営業組織の営業生産性の向上と活性化を目的に、同社の中で優れた暗黙知をもつMR（医薬情報担当者）24名を全国から召集し、彼らの"名人芸"をその他のアベレージMRに営業同行支援を通じて"移植"するという、トップ直属の組織変革プロジェクトであった。SSTとはSuper Skill Transferの頭文字をとったものである。このプロジェクトは人間系ナレッジマネジメントの変革成功事例としても名高く、プロジェクトの顛末を記した書籍（『「暗黙知」の共有化が売る力を伸ばす日本ロシュのSSTプロジェクト』（プレジデント社, 2001））は日本ナレッジマネジメント学会の大賞を受賞した。

ii 山本藤光(2003)『なぜ部下は伸びないのか　リーダーが変わるべきこと』かんき出版, p.68より引用。

iii 山本藤光(2003)『なぜ部下は伸びないのか　リーダーが変わるべきこと』かんき出版, p.70より引用。

iv 伊丹敬之(1986)『マネジメント・コントロールの理論』岩波書店, p.12より引用、pp.10〜12参照。

v 山本藤光(2003)『なぜ部下は伸びないのか　リーダーが変わるべきこと』かんき出版, p.97より引用。

vi 山本藤光(2004)「24名のチェンジ・エージェントによる組織変革プロジェクト-日本ロシュ株式会社におけるSSTプロジェクトのご紹介-」『(非売品)SANNO HRM FORUM 組織は現場から変える講演録』学校法人産業能率大学, 参照。

vii Anthony R. Pratkanis and Elliot Aronson.(1992)"AGE OF PROPAGANDA". W. H. Freeman

and Company(社会行動研究会訳『プロパガンダ―広告・政治宣伝のからくりを見抜く』誠信書房,1998年,p.10より引用).
viii Philip Kotler.(2001) A Framwork for Marketing, First Edition. Prentice Hall, Inc.(恩蔵直人監修,月谷真紀訳『コトラーのマーケティング・マネジメント 基本編』ピアソン・エデュケーション,2002年,p.347参照.
ix John P. Kotter and Dean S. Cohen.(2002)"THE HEART OF CHANG".(高遠裕子訳『ジョン・コッターの企業変革ノート』日経BP社,pp.40～44参照).
x John P. Kotter and Dean S. Cohen.(2002)"THE HEART OF CHANG".(高遠裕子訳『ジョン・コッターの企業変革ノート』日経BP社,p.18より引用).
xi Etienne Wenger, Richard McDermott & William M. Snyder.(2002)"Cultivating Communities of Practice".(野村恭彦監修,野中郁次郎解説,櫻井祐子訳『コミュニティ・オブ・プラクティス ナレッジ社会の新たな知識形態の実践』翔泳社,2002年,p.33より引用).
xii 日本経済新聞社編(2001)『キャノン高収益復活の秘密』日本経済新聞社,2001年,p.54～55参照.

第6章

変革し続ける組織をつくる

1　変革を通じて現場リーダーが育つ

　本書の冒頭でも述べたように、企業を取り巻く環境は激しく変化しており、企業は環境の変化に合わせて自らをすばやく、かつダイナミックに変革し続けていかなければならない。変化に適応していくためには、自己の姿を変え続けなければならないのである。

　したがって、組織の変革は1度限りで終わるものでも、また済ませられるものでもない。組織を変えたという成功体験が、組織の力を強め、新たなる変革に向けたエネルギーを生み出す。そして、そうしたエネルギーが継続的に変革のサイクルを回していくための推進力となる。組織変革を成功に導くことは、こうした強い組織、すなわち継続的に変革し続ける力を備えた組織を創り上げることにつながるのである。

　では環境変化に適応し、変革し続ける力を備えた組織とは一体どのようなものなのだろうか。企業が中長期的に成果を生みだしていくためには何が必要なのだろうか。

(1) 環境に適応していくために企業に求められる2つの能力

　企業が環境に適応して、自己を変革していくためには、大きく2つの能力が必要になる。1つは戦略の構築能力である。そしてもう1つが戦略の遂行能力である。

図6-1　企業に求められる2つの能力

■戦略構築能力
不確実性の高い経営環境を洞察し、大局的な観点から組織の進むべき方向性を決定する力

■戦略遂行能力
現場が主となって、トップの意を汲み、示された方向性に沿って戦略の具体的な遂行を担う力

戦略構築能力とは

　今日の企業には、不確実性の高い経営環境を洞察し、大局的な観点から組織の進むべき方向性を決定する力が求められる。戦略とは、企業が自己を取り巻く環境をどのように捉え、定義し、そのなかでいかに自己の収益を最大化していくか、ということについての大局的な判断であり、その体系である。

　企業はそれに基づいて、自らが向かうべき方向を定め、それに向けて邁進していく。あらためていうまでもないが、その意味で戦略とは企業の浮沈を左右する最も重要な要因である。これを間違えてしまっては、いかに現場が必死になってがんばったとしてもそれが報いられることはない。それどころか、方向を見誤ったなかでの必死ながんばりはかえって逆効果にさえなる。今日のような時代においては、戦略の構築能力がない企業が生き残っていくことはできない。

　では、その戦略はだれが構築するのか。神戸大学教授の三品和広氏は、日本企業の低迷の原因は「戦略の不全」にあるとして、その克服のために経営者を意図的に作りこむことの必要性と重要性を説いている。[i]

　つまり、戦略の構築は、トップマネジメントのもっとも重要な役割であり、トップマネジメントの質、すなわち戦略の構築能力が組織の成果を決めるといっても過言ではない。その意味で、トップマネジメントはいわば組織における頭脳の役割にたとえることができる。何よりもまず鋭い頭脳を備えることが、今日の時代のなかで勝ち抜く企業に必須の条件である。

戦略遂行能力とは

　組織に求められるもう1つの能力は戦略の遂行能力である。いかに経営者が大局的な観点から的確な判断を下し、適切な方向性を指し示したとしても、それを実行に移していくことができなければ絵に描いた餅にすぎない。戦略はそれが具現化されてこそ初めて、その効果を発揮しうる。組織が戦略を遂行する力を備えていなければ、いかに優れた戦略があってもそれが活かされることはないのである。

　では、戦略を遂行していくのはだれであろうか。それは他でもない、現場である。現場がトップの意を汲み、示された方向性に沿って戦略の具体的な遂行を担う。その意味では、戦略を実現するのは現場の力である。東京大学大学院教授の藤本隆宏氏は、現場がもつ組織能力の重要性を指摘したうえで、自社の現場の強さの特質を

見極めたうえでの「現場発の戦略論」の重要性を主張している。

「現場発の戦略論」とは、現場の力の強さをいかに自社の利益に結びつけるかを真剣に考えるべきだという主張である。藤本氏は現場を重視し、現場の能力を鍛えるという意味で、「頭系の戦略論」と対比して、これを「体育会系戦略論」とも称している。[ii]戦略の構築、遂行にあたっての現場の重要性を踏まえた考え方といえよう。

いかに頭を使って素晴らしい戦略を描いたとしても、それを実行していくだけの体力がなければその価値が発揮されることはない。その意味で、戦略の遂行能力を備えた企業とは、いわば強い足腰を備えた組織ということができる。

環境の変化が激しい今日においては、戦略そのものの転換も含めて、ダイナミックな変革を求められる局面が多い。いかにトップが旗を振ったとしても、現場がそれを咀嚼し、すばやく自らの動きを変革していくことができなくては競争に勝ち残っていくことはできない。継続的に変革し続ける力を備えた現場を創り上げてこそ、競争に勝ち抜く強い組織が実現できるのである。戦略の遂行能力はその意味で、「現場の自己変革力」と言い換えることもできる。

企業が今日の激しい環境変化のなかを勝ち抜いていくためには、長期的な観点で自社の収益を最大化するための戦略を策定できる鋭い頭脳と、それを実行できる強い足腰の両方を備えた企業にならなければならない。どちらが欠けても成果には結びつかない。クルマの両輪のように2つの力がうまくかみ合うことが必要である。自らが進むべき方向性を見定める力とそれを実現するための力、いずれも欠かせない重要な能力なのである。

（2）組織変革の実行プロセスが現場リーダーを育てる

求められる現場の変革リーダー

かつての日本企業の躍進は現場の強さにあったといわれる。たしかに、ある特定の領域で1つの方向性に向けてじっくりと能力を蓄積し、磨き上げていく点では強みを発揮してきたといえるだろう。しかし、競争の枠組みすらも変化を余儀なくされる環境のなかでは、現場もこれまでの自分たちのやり方自体を否定していくような状況に数多く直面することになる。

自己変革力を備えた強い現場をつくり上げることは、今日の企業にとって緊急の課題である。前提に捉われずに、それまでのやり方や仕組みを創造的に破壊し、新たな仕組みをつくり出していく力が求められている。

こうした自己変革力を備えた現場を実現するために不可欠なのが、現場レベルのリーダーシップである。現場を変革していくためには、現場のなかに変革に向けてリーダーシップを発揮していく人材、すなわち「現場の変革リーダー」が求められる。昨今のような経営環境においては経営者のリーダーシップばかりが強調されるきらいがあるが、リーダーは必ずしも特定の階層においてのみ必要なものではない。組織におけるあらゆる階層にリーダーが必要である。現場レベルのリーダーシップの重要性を軽視してはならない。

戦略の遂行を担う現場のリーダーの重要性は高まりこそすれ、低くなることはない。そして、企業はリーダーが自然と生まれてくるのをただ待っているわけにはいかない。ミシガン大学ビジネススクールの教授で、GEのクロトンビル経営開発研究所長を務めたことで知られるノエル・M. ティシー氏は、勝利する企業の特徴として「組織のあらゆる階層に次代のリーダーの育成を助ける優れたリーダーが存在する」ことを挙げている。優れた組織はリーダーを意図的に育て、教育しているのである。企業が勝ち抜くためにはリーダーを意図的に生み出していくための組織的な取り組みが欠かせないということだ。[iii]

その意味で組織変革がもたらすものは、そのテーマを成し遂げることによる変革の実現だけではない。変革の実行プロセスを通じて、トップと現場のパイプ役となる現場レベルのリーダーが育ち、ひいては現場の自己変革力が高まる。

人は経験を通じて学び、育つ存在である。チェンジ・エージェントを選抜し、組織の変革という重要かつ困難な経験を与えることが、次代の現場を担う人材、現場リーダーの育成にとってかけがえのない貴重な機会となる。こうした経験を与えることによって、人は見違えるように成長するからである。

成長するチェンジ・エージェント

チェンジ・エージェントを選抜・活用する主な目的は、いうまでもなく変革の推進である。しかし、実は変革遂行の過程で大きな副産物が生まれる。全社を見渡す視点をもちながら、現場の事情をも熟知している優れた現場リーダーが育成されるのであ

る。この現場リーダーの存在がトップと現場との間の太い絆となり、トップの戦略の遂行やその方向性に沿ったすばやい変革を可能にする。

　これまで、チェンジ・エージェントの本来の使命である変革の推進について、その役割や推進ステップ、手法などを中心に述べてきた。チェンジ・エージェントが遭遇する状況がどのようなものであり、したがってそこで何をすべきか、そのために彼らにはどのような能力が必要とされるのかという「チェンジ・エージェントのあるべき姿、なすべきこと」といった"べき論"に焦点を当てて論じてきたといってもよい。

　しかし、彼らは変革活動を通じてただこの"べき論"を遂行するだけの存在ではない。現場で遭遇するたくさんの困難や障害から彼らは様々なものを得ていく。

　チェンジ・エージェントは、変革の推進という重い任務を背負って職場へ戻り、時には変革に抵抗するメンバーたちの反発を受けながら、通常業務の傍ら変革推進の活動を遂行していかねばならない。精神的にも肉体的にも負担がかかる面が多い。しかし、あきらめずに取り組み続け、大きな壁を乗り越えたとき、変革の定着という本来の任務の達成はもちろん、これまでとは比較にならないほど大きな成長が彼らにもたらされるのである。

(3) 変革プロジェクトによって育成される現場リーダー

「一皮むける経験」がもたらす成長

　このように、仕事における重要な節目で、個人に対して強いインパクトを与え、大きな成長につながる経験を、神戸大学教授の金井壽宏氏は「一皮むける経験」という言葉で表現している。あたかも脱皮するように飛躍的な成長を遂げることになるという意味である。

　「入社初期の配属」「初めての管理職」「ラインからスタッフ部門・業務への配属」など、「一皮むける経験」はいくつかのパターンに分類することができ、「プロジェクトチームへの参画」や「ゼロからの立ち上げ」もそのなかに含まれる。こうした経験を通じて人は多くのことを学び、成長していく。

　人が成長するためには、経験の「質」が重要なのである。日々のルーティン業務から大きな成長につながる経験が生み出されることはほとんどない。米国の非営利団

体で、世界最先端のリーダーシップ研究・教育機関として知られるCCL（Center for Creative Leadership）でも、リーダーの成長につながるような仕事経験を「ハードシップ（修羅場経験）」と呼んでいる。これは、「これ以上は無理だ」というぎりぎりの経験のことをいう。もちろん、ハードシップはプレッシャーになるが、適度なプレッシャーはエネルギーを生み出し、パフォーマンスの向上をもたらす。[iv]

重要な目標を達成するためには何らかのスキルを獲得しなければならないとなったとき、人はもっとも効果的に学ぶ。乗り越えられないほどハードな障害物は困るが、精一杯ストレッチすれば乗り越えられるようなハードシップをクリアするという、「質」の高い経験によってこそ「一皮むける」成長を遂げられるのである。

人は困難な経験や失敗から学ぶ

このように、学習を、様々な社会的な状況との関わりのなかで行われると捉える考え方を「社会的学習」という。

そこでは人はいろいろな経験を通じて学ぶ存在であり、周囲との相互作用のなかで新たな知識を獲得していく存在として捉える。どのような優れた内容でも、ただ本を読んだり、ただ人から話を聞いたりするだけでは、単なる表面的な知識に過ぎない。「知っている」ことと「わかる」「できる」こととは違う。知識を得ることは重要だが、それは経験によって裏付けられ、経験のなかで活用されて初めて本当に自分のものになる。

「一皮むける経験」や「ハードシップ（修羅場経験）」が示唆することは、人は困難な経験や失敗からこそ、実は多くのことを学ぶということである。チェンジ・エージェントとして変革を推進することには、困難な局面が多い。しかし、だからこそ現場のリーダーを育成するためのまたとない機会にもなる。

また、変革プロジェクトは一般に、全社横断的なテーマを扱うことが多く、その遂行のために一定の権限が付与されることも多い。そのため、チェンジ・エージェントとして変革を推進していく際には、全社的な視点で物事を捉え、判断していくことを迫られる。

また、権限には責任も伴う。組織全体を動かすという重責を担うことは組織に対する自分自身の関わり方をあらためて意識することにもつながる。こうした経験は本人にとっては貴重な成長の機会となり、リーダーとしての意識の醸成や現場の視点とトッ

プの視点の両方を備える人材の育成につながるのである。

俊敏に動ける組織の実現へ

　では、こうして育成された現場リーダーとは、組織にとっていったいどのような存在なのだろうか。

　彼らは、ともすると現場が見失いがちな組織の全体最適という視点を提供することで現場のメンバーに視野の拡大を促す。といって彼らが現場の視点を失ってしまうわけではない。あくまで彼らの軸足は現場にある。上からの視点だけでものをいったり、上層部に迎合したりするのではなく、トップの視点をもちながらも現場の立場からトップに対する意見を吸い上げたり、トップに意見を具申したりする。彼らの率直な働きかけこそが、トップに新たな視点や緊張感をもたらす刺激となる。

　トップと現場が緊張感をもちながら、互いに意見をぶつけ合える環境こそが、健全な組織には欠かせないものなのだ。ここに、トップと現場の双方の視点をもつ、現場リーダーの存在意義がある。

　組織変革は現場リーダーの育成にも非常に重要な役割を果たす。現場リーダーを育成することで、強い足腰を備えた組織を実現することができる。そして、そこに鋭い頭脳としてのトップマネジメントが加わることによって、激しい環境変化に対して、俊敏に適応することができる「変革し続ける組織」が生まれる。

2　変革し続ける組織の実現──終わりなき変革

　トップと変革の方向性を共有し、ともに変革にあたる態勢を整えたチェンジ・エージェントは、変革推進チームの支援を受けながら現場で変革の必要性や意義を説いて、メンバーを巻き込みながら、変革活動を推進する。しかし、特に活動を開始したばかりの時期はまだ変革の基盤が不安定で、あっという間に後戻りしてしまう可能性もある。

　だからといってあせる必要はない。人間の体質改善に長い時間と努力が必要なのと同様に、トップのビジョンを現場に浸透させ、変革活動を推進し、目に見える一定

第6章：変革し続ける組織をつくる

の成果を出し、変革を現場に定着させるには腰を据えた取り組みが必要になる。チェンジ・エージェントはそのことを忘れてはならない。

チェンジ・エージェントは変革を組織に定着させることによって、1つの目的を達成したことになる。しかし、それはあくまでも一時的な定着であり、変革活動の終わりを意味するわけではない。組織を存続させ、発展させていくためには、組織は変革し続けていかなければならず、変革が組織に文化としてしっかり根をおろさなければならない。その意味では、変革に終わりはない。

(1) 変革を日常化し、企業文化として根づかせる

企業文化とは

変革には終わりがなく、文化として定着させることが重要だと述べた。それでは、そもそも企業文化とは一体どのようなものなのだろうか。

企業文化とは、人工物のレベル(職場の物理的な構造、雰囲気など表面的に知ることができるもの)、価値観のレベル(チームワーク重視、顧客本位などビジョンや文書などで表現されたもの)、そして共有された暗黙の仮定のレベル(組織で共有され当たり前になっていること)の3つのレベル、すなわち、可視的なものから暗黙的で目に見えないものまでを含んだ概念である。[v]

つまり、変革し続ける組織としての企業文化を醸成していくということは、目に見えるレベルや文書として表現されたレベルだけではなく、組織として当然とされている考え方や社員が当たり前のこととして無意識的に受け入れているレベルにまで、変革を浸透させていく必要があるということである。

当然、一朝一夕にできることではない。経営者がどんな場面でどのような意思決定を行い、何を意思決定しなかったのか。現場で何が問題とされ、どのように問題解決が行われたのか。そのような一つひとつの意思決定や問題解決の結果が企業文化を醸成していく。すなわち企業および社員の活動の歴史、活動の積み重ねが結果としてその企業の文化となるのである。

トヨタの強さとは

　変革が企業文化として浸透している組織の例として、トヨタ自動車を挙げることができる。純利益が1兆円を超え、日本の頂点に立っている同社はどうしてそんなに強いのだろうか。

　先に紹介した東京大学大学院教授の藤本隆宏氏は、トヨタの強さの神髄は、「トヨタ生産方式に代表される生産・開発現場の『統合能力』、生産性や品質を継続的に向上させる『改善能力』、そしてそうした組織能力そのものを長期にわたって進化させる学習能力すなわち『進化能力』」[vi]の三層の組織能力であり、そのなかでも特に「進化能力」がその抜群の競争力の一番の根っこにあると述べている。

　ここでいう進化能力とは、ひたすら問題発見と課題解決に徹し、"思わぬ失敗"や"意図せざる成功"であっても、これを組織的な力に転化させる能力、「事後的対応力」のことをいう。目の前にある問題を発見し愚直に解決し続け、その過程のなかで生じる偶然の産物や教訓も、自分たちの"財産"として身につけるためにそれらを文書化・横展開・フォローアップすることである。[vi] つまり、トヨタでは1度学習したことは絶対に手放さないように組織全体で共有するという文化が確立しているのだ。

　しかし、トヨタの強さの理由はそれだけではない。経営トップと現場のリンケージが密接であり、経営トップがトヨタという会社の価値観、社員に求める役割、行動、ものの考え方をしっかりと現場に伝えていることもその強さの源泉の1つとして挙げられる。そして、その中心にあるのが「トヨタウェイ2001」である。

　2001年5月、トヨタは企業文化と経営哲学を「知恵と改善」と「人間性尊重」を2本の柱として「トヨタウェイ2001」にまとめた。これは「暗黙知」として受け継がれている同社の経営上の信念・価値観を明文化したものであり、トヨタのDNAを国境や世代を越えて共有することを目的にしている。つまり社員一人ひとりが、トヨタの基本理念を企業活動のなかでいかに実現していくべきか、どんな価値観を共有し、どのような行動をとっていくべきかを示したものである。

　そこでは、「チャレンジ」「改善」「現地現物」「リスペクト」「チームワーク」の5つのキーワードに基づいて社員の行動原則をまとめているが、特徴的なことはそれぞれの行動原則には「語録」として、強いトヨタを築きあげてきた豊田喜一郎氏、豊田英二氏、大野耐一氏らの生きた言葉が記述されていることである。これにより、平面的な言葉

で表現されがちな行動原則に具体性や説得力をもたせ、文字だけではすべてを表現できない同社の「暗黙知」を効果的に伝えることが可能になっている。

このような会社の価値観を明示的に表現した行動原則や行動基準については、それ自体をまとめたり、全社員に配布したりすることが目的なのではない。行動原則や行動基準を理解することは単なるスタートであり、それをもとに「今の仕事のやり方は自社らしいやり方なのか？」「自社の価値を実際に自分達の仕事にどのように落とし込んでいくのか？」などと、常に自分たちの仕事の内容・質・やり方などを問い続け、社員同士で活発に議論することが重要である。

そして、その議論のなかで、「自分はこう思う」「いや、その考えは少し違う」「経営トップのビジョンはこういうことなんだから、われわれ現場もこういう方向性で考えていくべきなんだ」などと、現場で意見をぶつけ合うことが、会社の価値や社員の行動原則に対する理解を深めることにつながるのである。

こうして、現場での対話や議論を通じて、その会社らしさの暗黙知を共有していくことで、会社の信念・価値観が現場に浸透し、結果として変革が企業文化へと定着していくのである。

GEにおける変革──現場におけるワークアウト

もう1つの例としてGEを見てみよう。

世界有数の革新的な企業であるGEが強い理由としてすぐに思い浮かぶのが、ジャック・ウェルチ氏、ジェフ・イメルト氏ら優秀な経営者の存在、戦略の明確さなどである。しかし、強い理由はそれだけではない。同社が本当に強い理由は企業文化として変革の推進が定着していることにある。その変革の中心となっているのが、本書でもこれまで何度か紹介してきたワークアウトという変革の方法論である。

長年、経営トップとして君臨したジャック・ウェルチ氏が理想とする組織は「『共有化された価値に基づく組織』。それは、これまでの伝統的な、上下の管理関係を軸にして従業員の参加を強制するだけの組織ではなく、企業の目標や様々なアイデアを共有することによって、従業員が自主的に参画することがより大きなウェイトを占める組織」[vii]である。そして、その組織を実現するための1つの方法論として登場したのがワークアウトであり、それは同時に、変革の方法論、社員に企業価値を浸透させていくことを目的としたものである。[vii]

GEは1980年代後半からワークアウトを実践し、それを10年以上かけてGEのDNAの一部にまで発展させたが、その特徴として浮かんでくるキーワードは「現場発の問題発見と解決」「クロス・ファンクショナルなチームでの問題解決」「経営トップの素早い意思決定」の3つである。ワークアウトは単発ではない。GEでは、ワークアウトを継続的に実践することを通じて、「変革し続ける」という精神を社員に浸透させているのである。

変革において浸透を重んじる

　常に勝つことを存在理由に掲げ、1位か2位の事業でなければ行わないとする徹底したポートフォリオ管理を行っているGEでは、グローバルレベルで年間M&Aが100件以上を超えることもある。しかし、新たに合併した企業に対しても、ワークアウトを始めとするGE流の仕事のやり方やものの考え方を浸透させているのが同社の凄いところだ。

　たとえば、GEが1998年に買収した旧日本リース（現GEキャピタルリーシング）と旧日本リースオート（現GEフリートサービス）の場合、シックスシグマ、ワークアウト、CAP（Change Acceleration Process）などGE流の変革ツールが現場に根づくまで変革を徹底。最終的にGEとはまったく関係なかった両社の社員にGE流の問題解決の方法論が浸透し、「ワークアウトしよう」といった言葉が組織のなかで日常的に交わされるまでになったという。[viii]

　M&Aを繰り返すことで成長を続けてきたGEにおいては、必ずしも同社の社歴が長く、同社の企業文化をよく理解している社員ばかりとは限らない。しかし、そういう社員をも束ね、パフォーマンスをあげていかなければならない同社にとっては、同じ枠組みでものを考えさせたり、新しいことを発想させたりする共通言語が必要になる。そしてそれが定着して初めて、変革が文化として定着したということができる。

　GEでは変革を「Q×A＝E」という公式で捉え、変革において「浸透」を重んじる。Qは「Quality」（制度や仕組みなどの品質）、Aは「Acceptance」（組織メンバーへの浸透度）、そしてEは「Effect」（効果）を表すのだが、要は、変革の効果（Effect）は、Quality（制度や仕組みなどの品質）とAcceptance（それが組織メンバーにどれだけ受け容れられたか）によって決まってくるというものだ。

　いかに素晴らしい制度であってもその設計思想が浸透し、適切な運用がなされな

ければ何の意味もないが、まさにGEはこの組織メンバーへの浸透度・受容度をしっかり意識した変革マネジメントを行っている。どうやったら自分たちの考えが組織のなかに受け容れられるか、変革の障害となるような様々な要因をいかに排除していくかを心理学的な観点から学ばせるリーダー向けのトレーニングプログラムであるCAPはまさに組織メンバーへの浸透度・受容度を強化するためのプログラムでもある。

新たにGEグループの傘下に入った企業でもそこで働く現場の社員が自然と「ワークアウト」というGE用語を口に出すレベル、すなわち、企業の文化として定着するレベルまでシックスシグマ、ワークアウト、CAPなどの変革ツールを徹底し、社員の思考・行動様式にビルトインしているのだ。GEの強さはここにある。

(2) 変革を企業文化として根づかせるために

トヨタ自動車やGEのように組織変革を企業文化として根づかせるためには、長い年月と多大な努力が必要であることはいうまでもない。両社の取り組みからわかるのは、現場に存在する目の前の問題を一つひとつ解決する活動を積み重ね、その活動を通じて、企業の価値とは何か、その企業らしさとは何かを問い続けることで、結果としてその企業のDNAとして体内化することができるということである。

変革し続ける企業文化を醸成するための近道はないが、一定のガイドを示すことはできる。それは以下のようなものだ。

① 現場が変革の主体であること。変革の主体は経営者でもなければ外部コンサルタントでもない。あくまでも現場による変革が基本である。変革プログラムの企画サイドには現場の潜在力を信頼し、現場にエンパワーメントする姿勢、現場から学ぶ姿勢が求められる。

② 自らが変わり続けるということの大切さを、現場で共有し受け継いでいくこと。このとき、変革のメッセージを行動基準や行動規範として整備するだけではなく、それらについて現場で議論させる仕掛けをつくることが重要である。

③ 企業文化の変革という、捉えどころのない抽象的なものではなく、目の前に存在している具体的な問題を変革のテーマとして設定し、その問題解決に努めていくこと。日々の問題解決の積み重ねが企業文化の変革へとつながるのである。

④ 変革活動はできるだけ部門横断的に実行すること。"部門最適"ではなく"全体最

適"の変革を志向することが必要である。
⑤ 変革による短期的な成果重視の視点だけではなく、変革を継続するという中長期的視点をもつこと。そのためには、変革活動を通じて、変革を主体として担う「現場の変革リーダー」を育成していくことが重要である。彼らの成長なくして継続的な変革はありえない。
⑥ 変革の後にその過程から得られた教訓や知識を必ず横展開すること。変革のプロセスとそこから得た教訓は"物語（ストーリー）"として伝道していくと効果的である。ある企業では、企業風土改革の一連の流れをストーリー性のあるビデオにまとめ、全社員で共有するという試みを行っている。ビデオというメディアを通じて変革プロセスを残すことで、組織メンバーは自分たちの変革活動が最終的にどのような成果を生んだのかを印象深く記憶に残すことができる。
⑦ シンボリック人事を行うこと。トップの変革ビジョンに則って行動できる人物を影響力と存在感があるポストにつけるといった昇進人事（シンボリック人事）を行うことによって、どのような行動が組織において望ましいとされるのかが組織メンバーにも理解され、安定した変革の基盤が形成される。変革に参画し、成果を上げた人物にどれだけ報いることができるかが、その後の変革の継続性に影響を与えるのである。

企業が継続的に発展していくためには、上記のようなポイントを踏まえ、現場が主体的に変革を進める企業文化を醸成していくことが不可欠である。そのためには現場が変革に際し受け身になるのではなく、もっと「現場の変革リーダー」が足腰を強くし、トップと現場が互いに意見をぶつけ合える対等な状況をつくること、そして現場が意思をもって組織を変革へと動かす状況をつくっていかなければならない。

――――――――― 第6章の引用・参考文献 ―――――――――

i 三品和広（2004）『戦略不全の論理』東洋経済新報社, p.225参照。
ii 藤本隆宏（2004）『日本のものづくり哲学』日本経済新聞社, pp.68〜70, pp.117〜118参照。
iii Noel M. Tichy with Eli Cohen. (1997) "THE LEADERSHIP ENGINE : HOW WINNING COMPANIES BUILD LEADERS AT EVERY LEVEL". (一條和夫訳『リーダーシップ・エンジン 持続する企業成長の秘密』東洋経済新報社, 1999年, p.4参照)。
iv 金井壽宏『仕事で「一皮むける」』―関経連「一皮むけた経験」に学ぶ』光文社, 2002年, pp.24〜31, pp.86

	〜89, pp.108〜109, pp.148〜149, pp.263〜267参照.
v	Edger H. Schein. (1999) "The Corporate Culture Survival Guide". Jossey-Bass Inc.(監訳金井壽宏, 尾川丈一, 片山佳代子訳『企業文化―生き残りの指針』白桃書房, 2004年, pp.17〜23参照).
vi	藤本隆宏(2004)『日本のものづくり哲学』日本経済新聞社, p.84より引用, pp.84〜85, pp.102〜108参照.
vii	坂本和一『新版　GEの組織革新―21世紀型組織への挑戦－』法律文化社, 1997年 p.238より引用, pp.238〜242参照.
viii	「本気・本音・本当で『やる気』を起こす　意識改革の技術　CASE2　GEキャピタルリーシング、GEフリートサービス　改革手法をマニュアル化　体系化した会議術が現場に定着」『日経情報ストラテジー』日経BP社, 2003年5月号, pp.38〜39参照.

終章

組織変革の実践にむけて

一部のチェンジ・リーダーが主導する組織変革には限界がある。変革を成功させるためには、単にトップの意向を丸呑みするのではなく、また逆に現場の意向だけを踏まえるのでもなく、両者の媒介役となって、トップの想いや意図を現場に、同時に現場の意思や考えをトップに伝え、アタマと足腰に神経を通わせる役回りを担うチェンジ・エージェントの存在が不可欠だ。そして、チェンジ・エージェントを中心に、トップ、変革推進チームが三位一体となった動きをすることが重要である。

　本書ではこうした観点から問題提起を試み、トップの意を汲んだ「現場の変革リーダー＝チェンジ・エージェント」を養成し、彼らを媒介に、トップと現場が互いに意見をぶつけ合える対等な状況をつくり、現場が意思をもって組織を変革へと動かす態勢をつくっていくことの必要性を述べてきた。

　次の図はこうした本書の主張を改めて整理したものだ。これまでの議論から何か組織変革のヒントを得ていただけただろうか。

図7-1　本書の主張のまとめ

①現場が受け身の体質のままでは真の変革は成しえない
・組織変革に向けた取り組み（例えば新しい経営手法の導入や新しい制度、仕組みの構築など）は本社が企画し、一方的にトップダウンで現場に下ろされることが多いが、現場が本社（トップ）の意向をそのまま受け入れるような受け身の体質では真の変革は成しえない。組織変革は本社（トップ）が大局的な観点から変革の方向性を提示するとともに、現場がその方向性に納得し、自律的に動きだすようにならなければ成功しない。

②現場の腹に落とすプロセスが重要
・現場は本社の単なる手足ではない。現場に主体性や考える意思、変革への当事者意識をもたせることが現場を強くし、変革の実行力を高める。本社や一部の変革リーダーが示した新たな変革の方向性を現場に鵜呑みにさせるのではなく、それが現場にとって本当に意味のあることなのかどうかを今一度現場に考えさせたり、納得を得たりする仕掛けが欠かせない。

③トップと現場をつなぐチェンジ・エージェントを育成し、現場を強くする
・本社（トップ）が「鋭い頭脳」をもつ一方で、現場が「強い足腰」をもつ組織こそ持続的に変わり続ける素地をもつ。こうした変わり続ける組織をつくるためには、組織のあらゆる階層に、次代のリーダーを助ける優れたリーダーが必要。経営者のリーダーシップ、次世代経営人材のリーダーシップばかりでなく、本社（トップ）と現場双方の代理人として、現場の意思や考えを本社（トップ）に、本社（トップ）の想いや意図を現場に伝え、変革の遂行を担うことができる現場のリーダー（チェンジ・エージェント）をどれだけ育成・活用できるかが、組織変革の成否を決める。

　本書を締めくくるにあたり、本章では、主に、変革プログラムの企画や実行を目前の課題としている経営企画、人事・人材開発、組織開発担当セクションの方々向けに、こうした組織変革に関するコンサルティングサービスが求められる背景と(学)産業能

率大学総合研究所が提供する具体的なソリューションプログラムについて紹介したい。

(1) 注目されるインプリメンテーション（実行支援）コンサルティング

一般的に、組織を変革する際、企業は以下の4つのステップを踏む。

図7-2　企業変革のプロセス

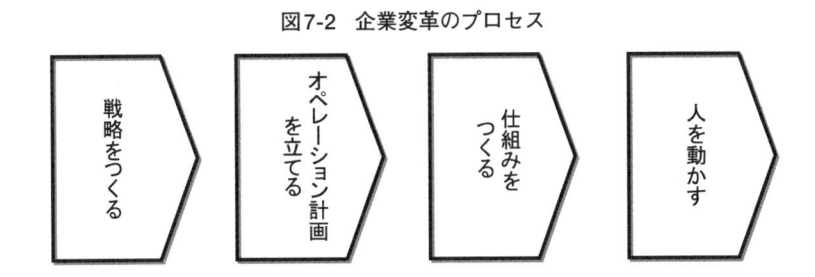

戦略をつくる → オペレーション計画を立てる → 仕組みをつくる → 人を動かす

このように、企業変革は、①戦略をつくる：自社が他社よりも競争優位に立つために、全社的、あるいは事業部単位の今後のビジョン・方向性を立案する段階、②オペレーション計画を立てる：そうしたビジョンを実現するためのオペレーション（資材調達、生産方法、物流、人事・組織体制等）を構築する段階、③仕組みをつくる：オペレーション計画に沿って業務を動かすための様々な仕組みや制度を構築する段階、④人を動かす：構築した仕組みや制度をその設計意図どおりに動かすためにヒトの意識や組織風土を改革する段階の4つに分類することができる。

コンサルティングサービスにもこれらの段階ごとに、以下のような領域が存在する。
・企業の競争優位性を高めるための、独創的で有効な戦略を構築するコンサルティング領域
・構築された戦略を実現するために全体整合性のとれた様々なマネジメントシステム（人事制度に代表される人材マネジメントシステム、財務システム、生産・物流等の機能別システム等）を設計するコンサルティング領域
・各種システムを有効に機能させるために必要な人材を育成するために、具体的なトレーニングプログラムを用いて人材開発を行うコンサルティング領域

・様々な角度から戦略・システムのインプリメンテーション（実行支援）を行うコンサルティング領域

　本書で述べてきたような変革の実行支援に関する話は、戦略・システムのインプリメンテーション、すなわち企業変革のプロセスのうち4番目の「人を動かす」段階に該当する。こうした変革のインプリメンテーションに関するコンサルティングサービスを"After Mckinsey Consulting"などと呼ぶこともある。

　こうした実行支援型のサービスが拡充され、脚光を浴びるようになってきた背景には2つの理由がある。1つは、企業の人材開発・組織開発の機能を担う部署が、従来の人事・人材開発部などの本社スタッフ部門から営業部などのラインに移り、現場のニーズや状況をより熟知した現場が独自の人材開発・組織開発施策を展開するケースが増えてきたこと。もう1つは外部のコンサルタントによって外科手術的に行われる経営手法の移植・導入に限界がみられることだ。

　構築された新しい戦略や制度、システムといったいわゆる組織のハード変革を形だけに終わらせず、いかにそれをきちんと「実行」し、末端にまで「浸透」させ、組織のなかに「定着」させていけるか。変革における実行段階の支援は非常に重要な領域なのである。

(2) 主なサポート領域──変革の実行・浸透・定着過程を支援する

　組織変革の実行段階における変革の主体者は外部のコンサルタントではなく、あくまでも組織内部の人々である。その中心となるのがチェンジ・エージェントだ。組織変革の影響を被る現場の人間が当事者意識をもって変革を実行できるように、我々はそれぞれの企業の変革テーマに応じて、変革のキーパーソンである、このチェンジ・エージェントを核とした変革プロジェクトを提案する。

　具体的には、①変革に向けたレディネスの把握と変革プロセス・実施展開方法の検討、②チェンジ・エージェントの選抜と当事者意識の醸成、③変革の浸透活動をサポートする様々な仕掛けづくり、④変革がリバウンドしないための様々な仕組みづくりなどが主なサポート領域だ。それぞれ各領域ごとに具体的な内容を見ていこう。

終章：組織変革の実践にむけて

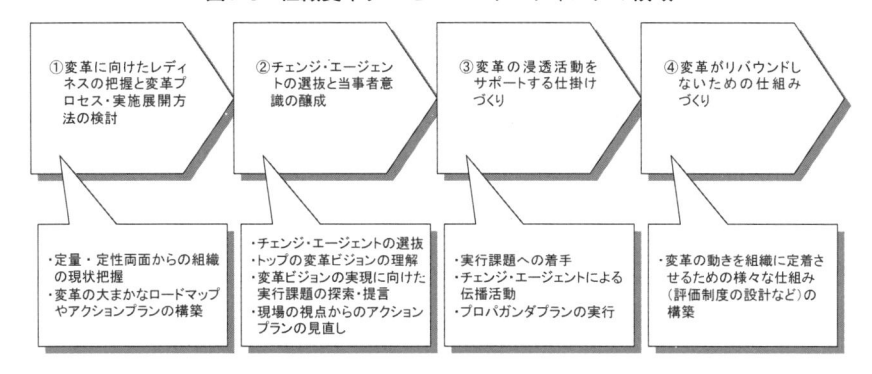

図7-3　組織変革プロセスコンサルティングの領域

①変革に向けたレディネスの把握と変革プロセス・実施展開方法の検討	②チェンジ・エージェントの選抜と当事者意識の醸成	③変革の浸透活動をサポートする仕掛けづくり	④変革がリバウンドしないための仕組みづくり
・定量・定性両面からの組織の現状把握 ・変革の大まかなロードマップやアクションプランの構築	・チェンジ・エージェントの選抜 ・トップの変革ビジョンの理解 ・変革ビジョンの実現に向けた実行課題の探索・提言 ・現場の視点からのアクションプランの見直し	・実行課題への着手 ・チェンジ・エージェントによる伝播活動 ・プロパガンダプランの実行	・変革の動きを組織に定着させるための様々な仕組み（評価制度の設計など）の構築

①　変革に向けたレディネスの把握と変革プロセス・実施展開方法の検討

　トップが目指す変革ビジョンを実現に導くために、新たに立ち上がった変革プロジェクトをどう運営するのか。変革を推進するうえで最初に行わなければならないのは、変革のアクションプランを構築することである。そのためには、変革の阻害要因・制約条件となりうる事柄、変革に対する当該組織の人材のレディネス（準備状態）、現場において変革をリードしうる人材の層の厚さなど、組織の状況や実態を客観的に把握しておく必要がある。

　変革に向けた準備段階として、定量・定性両面から組織の実態を把握し、変革をどのようなプロセスで進めていくか。具体的な実施展開方法のプランニングをサポートすることがこの段階での我々の主なサービス内容である。

②　チェンジ・エージェントの選抜と当事者意識の醸成

　大まかなアクションプランを構築したら、今度はそれを現場に投げ、現場の意思や考えをプランに反映していく必要がある。

　一般に、変革のアクションプランは経営者や一部の企画スタッフのみで構築され、現場が関与せぬままトップダウンで提示されることが多い。しかし、それでは現場の納得や深いコミットメントが得られず、変革が頓挫する可能性も高くなる。

　そこで、構築したアクションプランに現場の意思や考え、アイデアを加え、より実効性の高いプランにしていくわけだが、この作業に参画するのがチェンジ・エージェントである。彼らをプロジェクトの中核に据え、この作業プロセスに参画させることで、チェ

ンジ・エージェントに変革への当事者意識をもたせることができる。

　トップはなぜ、今この時期に組織を変革させようとしているのか、トップが目指す変革とはどのようなものなのか、もしそれが組織の発展にとって必要だとするならば、具体的にどのような課題に取り組まなければならないのか。こうした点を十分に議論し、チェンジ・エージェントに変革の必要性やその方向性を理解させる。そしてトップが掲げる変革ビジョンを実現するために、自分たちは何をなすべきなのか、具体的な課題を探索させ、現場発の提言をまとめさせる。

　こうした作業を経ることで、組織変革を牽引するトップの意を汲み、その思いや意図を現場へ浸透させ、一方で現場の意思や考えをトップに伝える媒介役としてのチェンジ・エージェントが養成できる。

　この段階における我々のサービスは、まず、変革プロジェクトの内容に応じて、現場からキーパーソンを選抜する際の判断材料となる基準を設定し、サーベイやインタビューなどを行いながら、チェンジ・エージェントとなりうる人材の選抜を支援すること。そして、選抜されたチェンジ・エージェントに変革への当事者意識をもたせるための上記のような課題創出のワークショップをファシリテートすることだ。

③　変革の浸透活動をサポートする仕掛けづくり

　変革に向け、何をやらなければならないのか、どう変わらなければならないのか、といった変革の内容（コンテンツ）が固まり、やるべきことが明確になったら、今度は各課題を実行する段階に移行する。

　課題の実行段階におけるチェンジ・エージェントの主な活動テーマは、変革の必要性や方向性、変革が目指そうとしているあるべき姿を組織メンバーに広く伝道し、新しく決まったことを組織メンバーに浸透・定着させていくことだ。

　たとえば、変革によって従来型の営業スタイルを新しいソリューション型の営業スタイルへとシフトする場合、ワークショップで検討した新しい営業の仕方を組織メンバーにも実践させる必要がある。その際、変革に対する組織メンバーの心理的な抵抗を取り除き、変革を有利に展開していくために、だれを巻き込むことが効果的か、メンバーにはどのような情報をどのようなタイミングで発信することが効果的か、変革に抵抗する勢力に対処するためにはどのような働きかけを行う必要があるのかなどについて、個別具体的なコミュニケーションテクニックやプランニングが必要になる。

一方、こうした変革の現場への浸透・定着活動では、様々な「マス媒体」の利用も重要なカギを握る。上記の例のように、新たなセールススタッフ像を構築し、ソリューション型営業スタイルを組織に伝播していく場合、具体的な提案型営業のプロセスや必要要件、マネジメントの関与の仕方などの情報をマニュアルやハンドブックにまとめ、発信していく。ここでは、こうしたマス媒体を用いた浸透施策の立案・実施もサポートしていく。

④　変革がリバウンドしないための仕組みづくり

　変革は1度行えばそれで終わりというものではない。重要なのは変革を組織に定着させ、今後も組織が持続的に変革し続ける状態を構築することである。そのためには、変革が奨励する姿を新たなハード（仕組み）で固定化し、変革活動によって生じた変革の胎動を本格的なものに育てていく必要がある。

　前述したソリューション型営業への変革を例にとるならば、新しい営業スタイルを組織に本格的に根づかせていくためには、新しい営業スタイルを実践する人間を適切に評価し、新しい活動によって成果を上げた人材を昇進させるような人事の仕組みが必要になる。あるいはソリューション型営業の様々なノウハウを共有するナレッジマネジメントシステムの仕組みも必要になってくる。

　変革テーマによって新たに構築すべき仕組みの内容は異なるが、この段階では、変革の動きを組織に定着させるための仕組みを別途構築することをサポートしていく。

　以上が大まかな変革の実行支援段階でのコンサルティングサービスの概要だ。個別企業の変革テーマによってコンサルティングの進め方や内容、サービス提供の範囲は異なってくるが、大きくはこうした点を踏まえながら中長期のスパンで企業の変革への取り組みを支援していく。以下は各領域で主に活用するソリューションツールやプログラムの概要である。変革テーマによって内容のカスタマイズも行っているので、ご相談をいただければ幸いである。

表7-1　各領域で活用するソリューションツールやプログラムの概要

コンサルティングの領域	主なソリューションツール・プログラム名	具体的な内容
①変革に向けたレディネスの把握と変革プロセス・実施展開方法の検討	組織診断「Galileo」	◆戦略や組織特性、マネジメント傾向、職場風土、社員のメンタルモデルなど、以下の5つの特性から組織の実態を探っていく組織サーベイ。各特性はそれぞれさらに細かな測定尺度で構成されている。 ①戦略・組織特性 　社員が、自組織の戦略や自組織の特徴をどのように認識しているかを測定する。 ②職務特性 　社員が、自分の職務の性質や特徴についてどのように認識しているのかについて測定する。 ③チーム特性 　職場やチームの活性度や革新性、メンバーの効力感やマネジメントの影響度合など、社員が自職場（チーム）をどのように認識しているかを測定する。 ④マネジメント能力特性 　自組織のマネジメント層がどういった潜在能力や変革への意欲をもっているのかについて測定する。 ⑤個人特性 　自組織の社員が日常、どのような考え方や行動をしているのかについて測定する。
	組織活性度調査	◆自組織の社員の満足および意欲について測定するとともに、それらに影響を与える要因について、目の前のことに意欲的に取り組んでいるかどうかというような「短期的視点」に加え、今までのやり方を見直し、変えていこうとしているか、組織の大きな方向性が共有され、自らを成長させようとしているかといった「中・長期的な視点」から捉え、組織風土・職場の状態などの要因、職場環境・人事制度などの環境要因を測定する。
②チェンジ・エージェントの選抜と当事者意識の醸成	プロ人材特性診断「S-Pro」	◆企業内プロフェッショナルに求められる行動・思考特性を測定する360度サーベイ。全部で18の測定尺度で構成されている。 ◆変革推進のためのリーダーを現場から選抜する際の素材として活用することができる。
	組織変革ワークショッププログラム（「実践！チェンジ・ワークショップ」）	◆トップが掲げる変革ビジョンを実現するうえで障害となっている組織の問題状況を共有し、どうすればそうした問題を解決することができるか、問題解決のための具体的な取り組み課題と解決策、実行計画、トップへの提言書を立案するワークショッププログラム。ワークショップを通じて、トップが掲げる変革ビジョンや方針を具体的な取り組み課題へとブレークダウンしていく。 ◆GEのワークアウトのように、クロス・ファンクショナルなメンバーで、組織変革に役立つ業務改革案を提言させるプロジェクトなどにも活用できるプログラムである。 ◆クロス・ファンクショナルに集めた現場の社員に、組織変革に向けた取り組み課題を提言させることで、現場の社員の変革への当事者意識を醸成することができる。
	変革ファシリテーター養成プログラム	◆専門のコンサルタント（ファシリテーター）がいなくても、現場レベルで課題解決プロジェクトやワークショップを指導できる社内ファシリテーターを養成するためのプログラム。 ◆会議やプロジェクト、現場での様々な問題解決ワークショップの場で、多種多様な価値観やバックグラウンドをもった複数の参加者から意見を引き出し、より本質的な問題の抽出と解決策の創出を支援する変革ファシリテーターを育成する。

③変革の浸透活動をサポートする仕掛けづくり	変革浸透コミュニケーションプログラム	◆変革の実行・定着を担うリーダーがメンバーを動機づけ、変革に巻き込むためのスキルを学ぶプログラム。 ◆変革のステークホルダーのタイプ分析、ステークホルダー間の関係性分析、変革へとメンバーを動機づけるコーチング話法、変革に抵抗する勢力に対処するための説得的コミュニケーションの方法などを学ぶ。
	浸透のためのプロパガンダツールの作成支援	◆組織メンバーに変革プログラムの内容や方向性、新しいものの考え方や行動様式を周知・徹底するために、マニュアルやガイドブックなど、変革を浸透させるためのプロパガンダツール（マスへの普及媒体）を作成支援する。
④変革がリバウンドしないための仕組みづくり	変革の動きを組織に定着させるための様々な仕組みの構築	◆変革プログラムが目指す姿をフォーマルなものとし、新しいものの考え方や行動様式を育成・評価するための教育研修プログラムや人事の仕組みなどを構築する。 ◆変化の動き（胎動）を新しいハード（仕組み）で固めるための支援。

（3）変革テーマの内容

　最後に、こうしたアプローチを適用し、過去、我々がお手伝いした企業における変革テーマの一例を紹介し、本書を締めくくることにしよう。

　クライアント企業によって、変革テーマは様々である。大きくは全社レベルの変革テーマである経営理念の浸透・定着から、サービス組織におけるフロントラインの意識改革、新たな営業活動モデルの構築とその浸透・定着、ハイパフォーマーの営業ノウハウの可視化とそのヨコ展開による営業生産性の向上など、ラインパフォーマンスの向上に関連する変革テーマ・領域での支援が多い。

　たとえば、サービス組織A社におけるフロントラインのサービス品質向上プロジェクトでは、本社が主導になって構築されることが多いサービスポリシーやブランドフィロソフィーで謳われている理念に沿った行動を現場に実行させ、そこで得られたサービスノウハウや経験を共有・伝承・再生産していく仕組みを構築。現場のパフォーマンスやサービス品質を維持・向上させていく支援を行った。

　また、高い技術力に裏打ちされた看板商品の人気によって長い間競争優位を築いてきたある生産財メーカーB社の場合、技術革新や他メーカーの海外生産によるコスト減などによって、同レベルの性能で低価格の商品が市場に出現するという環境変化に直面していた。これを受け、商品開発のテコ入れと営業力強化を企図。長期にわたり商品力のうえにあぐらをかいていた営業スタッフの意識を変え、従来の活動スタイルを抜本的に変えていくために、我々は新たな営業活動モデルの構築と営業スタッフへの浸透プロジェクトを支援した。

様々なコンサルティング会社の協力を得て企業変革を行っても、その浸透・定着がうまくいかず、なかなか思い描いたような成果が出ないといった例は多く存在する。変革を浸透・定着させるためには、大多数の組織メンバーの意識を変え、変革を心から納得させる必要があるが、変革の思想が末端にまで浸透し、現場の動きを変えるところまで至っていないのが現実である。我々が行うのは、まさにこの浸透・定着の支援である。

　本書で述べてきた変革のコンセプトや方法論は上記に挙げた変革テーマ以外にも、様々な場面で適用できる。現場が変革の方向性を腹に落とし、きちんとその実行を担う状態をいかに構築するか、変革実行力を持った組織づくり、人づくりをどのように行うか、本書で述べてきた内容は、こうした問いに対する現時点の我々なりの解答である。
　各企業が置かれている背景や変革テーマの内容、文脈は様々である。とはいえ、本書が、日々変革と苦闘される経営者や、各企業で変革プログラムの企画、実行を目前の課題とする経営企画、人事・人材開発、組織開発担当セクションの方々の一助となれば幸いである。

索　引

【あ】

アーリーウィン（早期の勝利）　151
アコモデーション　64、77
After Mckinsey Consulting　182
移行（Moving）　24、25
意思決定マトリクス　87、88
伊丹敬之　149
インフォーマル・ネットワーク　102、103
SSM（Soft Systems Methodology）　77、79
SST（Super Skill Transfer）プロジェクト　146、147、150
SWOT分析　67
エティエンヌ・ウェンガー　158
エベレット・M・ロジャーズ　101
M. P.フォレット　117
オープン質問（拡大質問）　123
オピニオン・リーダー　101
オピニオン・リーダーシップ　102
オフサイトミーティング　66

【か】

カール・アルブレヒト　20
解凍　25
解凍（Unfreezing）　24
カウンターフォース（反対勢力）　108、114、116、134
価値情報　66、69、70
価値前提　44、70
金井壽宏　168
強制的パワー　105、106
クルト・レヴィン　24
クローズド質問（限定質問）　123、124

【さ】

再凍結（Refreezing）　24、25、26
サポーター（支持者）　108、114
3C分析　67
CAP（Change Acceleration Process）　174、175
CCL（Center for Creative Leadership）　169
ジェフ・イメルト　173

自己実現的インセンティブ　149、150
自己説得　128、129
事実情報　66、68
シックスシグマ　174、175
実効性の文脈　27
実践コミュニティ　158、159
社会的学習　169
ジャック・ウェルチ　173
集団極化（リスキーシフト）　131
集団浅慮（グループシンク）　132
状況の法則　117
少数派としての影響力
　（マイノリティ・インフルエンス）　119
ジョン・コッター　27、37
ジョン・P・コッター　154
親和図法　87
ステークホルダーのタイプ　107、108
スリー・ヒット・セオリー　157
正当的パワー　105、106
積極的傾聴（Active Listening）　124
接種効果　128
説得的コミュニケーション　120
専門的パワー　105、106
戦略構築能力　165
戦略遂行能力　165
属人的パワー　105
組織診断　68、186
組織変革の8ステップ　37
ソフト　22
ソフトアプローチ　81、82
ソフトの変革　24
ソフトの領域　23

【た】

髙木晴夫　27
多数派の圧力　131
チェンジ・エージェント　34、35、45、46、49、50
チェンジ・リーダー　34、35、43、49、50
抵抗の4つの反応スタイル　123
ティッピングポイント（Tipping Point）　51

手続き的公正性　41
ドア・イン・ザ・フェイス・テクニック　126
同一的パワー　105、106
トップと現場の戦略的なリンケージ　31

【な】

ニュートラル（中立）　109、114、134、139
人間的インセンティブ　149
認知的不協和　128
ノエル・M.ティシー　167
野中郁次郎　65

【は】

「場」　63、65、66、130
ハード　22
ハード・ソフトの各要素　23
ハードアプローチ　81、82
ハードシップ（修羅場経験）　169
パートナー（協力者）　108、114、134
ハードの変革　24
ハードの領域　23
ハードル（障害）　108、114、134、138、139
ハーバート・クラグマン　157
ハブ型人材　101、102
ピーター F. ドラッカー　17
ピーター・チェックランド　77
一皮むける経験　168、169
ファイブ・フォース分析　67
藤本隆宏　165、172
物質的インセンティブ　149
フット・イン・ザ・ドア・テクニック　126
プロパガンダ　152、157
ペイオフ・マトリクス　88
変革推進チーム　34、49、144、148、151、158
変革のステークホルダー　99
ヘンリー・ミンツバーグ　1
報酬的パワー　105、106
ポジションパワー　105

【ま】

マイケル・ビア　25、48
三品和広　165
メディアミックス　156

【ら】

リッチピクチャー　71、74、77、79、80
理念的インセンティブ　149
ルイス・ガースナー　40
レオン・フェスティンガー　128
ロバート・チャルディーニ　125

【わ】

ワークアウト　56、57、65、173、174、175
ワイガヤ　66
私メッセージ　127

監修者・執筆者紹介

【監修・執筆者】

◆有川　達哉（アリカワ　タツヤ）
学校法人産業能率大学総合研究所　経営管理研究所　主任研究員。
大学卒業後、大手SI会社にて、情報システムのソリューション営業部門・人材開発部門等のマネジメントを経験後、本学に入職。
現在、次世代の経営幹部候補者のアセスメントとその養成、全社的組織診断を活用した各種組織変革コンサルティングを中心に活動。その他、各種管理職教育、ミッションベースの組織デザイン研修、目標による管理の実践展開の支援、SSM（Soft Systems Methodology＝システム思考）を活用した課題形成研修、ワークショップ等のテーマ・領域で、教育・コンサルティングに従事。共著に、『ビジョンガイドによる「目標管理」』（産業能率大学出版部,1995年）がある。

【執筆者】（50音順）

◆浅羽　亮（アサバ　リョウ）
学校法人産業能率大学総合研究所　ソリューションシステム開発部　HRMシステムソリューションセンター　プロジェクトリーダー。
慶應義塾大学理工学部管理工学科卒業。同大学大学院理工学研究科博士前期課程修了。
現在、組織変革、企業倫理・CSR、経営人材育成等のテーマ・領域で、教育プログラムや組織診断の開発、コンサルティングに従事。

◆小林　あかね（コバヤシ　アカネ）
学校法人産業能率大学総合研究所　ソリューションシステム開発部　HRMシステムソリューションセンター　プロジェクトリーダー。
東京女子大学文理学部心理学科卒業。大手都市銀行、人材・組織開発コンサルティング会社を経て、本学に入職。
現在、組織変革、経営人材育成、営業力強化、人材アセスメント等の領域・テーマで教育プログラムの開発およびコンサルティングに従事。

◆齊藤　弘通（サイトウ　ヒロミチ）
学校法人産業能率大学総合研究所　ソリューションシステム開発部　HRMシステムソリューションセンター　プロジェクトリーダー。
慶應義塾大学文学部人間関係学科教育学専攻卒業。多摩大学大学院経営情報学研究科修士課程修了。
現在、組織変革、ファシリテーション、キャリア開発、企業倫理・CSR等のテーマ・領域で、教育プログラムの開発およびコンサルティングに従事。

◆杉原　徹哉（スギハラ　テツヤ）
学校法人産業能率大学総合研究所　ソリューションシステム開発部　プロジェクトマネジャー。
中央大学商学部会計学科卒業。
現在、組織変革、リーダーシップ開発、経営人材育成、人材アセスメント等のテーマ・領域で教育プログラムや組織診断の開発、コンサルティングに従事。

◆村田　雅子（ムラタ　マサコ）
学校法人産業能率大学総合研究所　ソリューションシステム開発部　HRMシステム開発センター　プロジェクトマネジャー。
慶應義塾大学文学部文学科国文学専攻卒業。大手百貨店等を経て、本学に入職。
現在、組織変革、キャリア開発、コーチング、人事考課、営業力強化、インストラクション技術等のテーマ・領域で教育プログラムの開発およびコンサルティングに従事。

～お問い合わせ先～

(学)産業能率大学総合研究所　http://www.hj.sanno.ac.jp

＊本書の内容全般についてのご質問等は、下記メールアドレス宛にお問い合わせください。

E-mail：HRM@hj.sanno.ac.jp

＊具体的なコンサルティングの内容等についてより詳細な内容をご希望される場合は、下記宛にご連絡頂ければ幸いです。

◎ソリューションシステム開発部HRMシステムソリューションセンター
・TEL：03-3704-1416
◎普及事業本部第2普及事業部事業推進課
・TEL：03-5758-5102

【(学)産業能率大学　総合研究所　普及事業本部】

第1普及事業部（東京）	03－5758－5110
第2普及事業部（東京）	03－5758－5102
東日本事業部（東京）	03－5158－5115
東北事業センター（仙台）	022－265－5651
北関東事業センター（さいたま）	048－643－5531
中部事業部（名古屋）	052－561－4550
西日本事業部（大阪）	06－6437－0321
中国事業センター（広島）	082－261－2411
九州事業センター（福岡）	092－716－1151

訂正のお願い

電話番号に一部誤りがありました。
お問い合わせ頂きます際には、下記の電話番号に頂ければ幸いです。

【(学)産業能率大学　総合研究所　普及事業本部】

第1普及事業部(東京)	03-5758-5110
第2普及事業部(東京)	03-5758-5102
東日本事業部(東京)	<u>03-5758-5115</u>
東北事業センター(仙台)	022-265-5651
北関東事業センター(さいたま)	048-643-5531
中部事業部(名古屋)	052-561-4550
西日本事業部(大阪)	<u>06-6347-0321</u>
中国事業センター(広島)	082-261-2411
九州事業センター(福岡)	092-716-1151

チェンジ・エージェントが組織を変える
組織変革実践ガイド
―トップと現場をつなぐ組織変革の実践的方法論― 〈検印廃止〉

編 著 者	(学)産業能率大学総合研究所ソリューションシステム開発部組織変革研究プロジェクト ©2005, Printed in Japan.
監 修 者	有川達哉
発 行 者	栽原敏郎
発 行 所	**産業能率大学出版部**
	東京都世田谷区等々力6-39-15　〒158-8630
	(電話) 03 (5205) 2255
	(FAX) 03 (5205) 2470
	(振替口座) 00100-2-112912

平成17年9月30日　初版発行

印刷所/渡辺印刷　製本所/協栄製本

(落丁・乱丁本はお取り替えいたします)　　　　ISBN4-382-05551-2